Ⓢ新潮新書

内田 樹　名越康文
*UCHIDA Tatsuru*　*NAKOSHI Yasufumi*

# 14歳の子を持つ親たちへ



112

新潮社

# まえがき

名越康文先生とはじめてお会いしたのは、甲野《こうの》善紀《よしのり》先生が私たちの芦屋の稽古場にふらりと来られた日のことだと記憶している。もう四年ほど前のことだ。稽古の後に、「名越先生にお会いになりませんか?」と甲野先生にお誘い頂いた。

名越先生のことは甲野先生から「親友」としてそれまで何度もお名前を伺っていたし、カルメン・マキさんとの鼎談《ていだん》『スプリット』(新曜社)も読んでいた。

はじめて会った人の本性を五秒で見切るという炯眼《けいがん》の精神科医は私を見てなんと診断するだろうと、わくわくして甲野先生にくっついていき、名越先生の事務所に向かったのである。

行く途上も、甲野先生はずっとうれしそうに笑っている。その笑いは何となく、コロセウムの客席で、グラディエイター同士の戦いを待つ古代ローマ貴族のそれを私に連想させた。

名越先生の事務所の待合室に通されたら、そこは想像される精神科の待合室とまったく違った「一人住まいの男性の家の居間」のように、ちょっと雑然とした、開放感あふれる空間だった。本棚には専門書から小説、マンガまでがにぎやかに配架してあり、書棚の横には木刀や杖や古武道の武具などが並んでいる。笑顔で迎えてくれたスタッフの若い女性たちは制服らしいものも着ていない。

その「居間」の中央のテーブルに買い込んできたおつまみやワインが並べられたところに、診療を終えた名越先生が診察室から出てきた。

「あ、はじめましてウチダです」とご挨拶して、まじまじとお顔を拝見したら、名越先生はオレンジとグリーンのツートンカラーのフレームの眼鏡越しににこにこ笑っていた。

私はそれまで半世紀生きてきたが「オレンジとグリーンのツートンカラーの眼鏡フレームをかけた精神科医」というのをこれまで見たことがなかった（デヴィッド・リンチの『ツイン・ピークス』に出てきたラス・タンブリン演じる精神科医もツートンカラー

の眼鏡フレームを着用していたような気もするが）。

ともかく、私はこの眼鏡フレームを凝視して、そこに「居着いて」しまった。するとと、私の視線がそこに凝固しているのを察知した名越先生は「あ、このフレームでしょ？　みんなね、変だって言うんですよ。そんな眼鏡かけてたら、患者に信用されませんて」とさらに笑みを深めたのである。

私はこの瞬間（会って三秒後だった）に、「負けた」と思ったのである。

私は眼鏡に「居着いて」しまったからである。


「居着く」というのは武道の用語で、本来は恐怖や緊張のあまり足の裏が地面に貼り付いて身動きならない状態を指す。広義には「ある対象やある文脈に意識が固着して、それ以上広いフレームワークへの切り替えができなくなってしまうこと」をも意味する。つまり、恐怖のあまり凍りついてしまうのも、「葦《よし》の髄《ずい》から天井覗く」のも、「井の中の蛙《かわず》大海を知らず」もいずれも「居着き」の諸様態なのである。私の場合のように、ある特定の対象に関心が集中し、それ以外の回路からの情報入力が低下するのも「居着き」とみなされる。

私はこのとき名越先生の眼鏡フレームに「居着き」、そこを名越先生に「斬られた」のである。

私の経験が教えるのは、「達人」は初対面の三秒後までに勝負を決める、ということである。「勝負を決める」というのは、別に殴りつけたり、押さえ込んだりするという意味ではない。そうではなくて、二人の人間が出会ったときに、最初に「え?」と思った方が「負け」だということである。マンガで喩《たと》えて言うと、頭の上に「?」のフキダシが付いた方が「負け」なのである。

「負け」というとやや語弊《ごへい》があるが、想像していただければわかる。出会い頭に、「え?」と思った方はどうなるか。

「返事を待つ」ことになるのである。

疑問文というのは、世界中だいたいどの言語でも文末のイントネーションを上げることで示される。問う方がイントネーションを上げて、言語環境を「不安定な状態」にして、相手に「落として」もらうことで平衡を回復するのである。

だから問いかけた側はいわば「うわずった状態」、「答えの支えが届かないと倒れそうな状態」に固着してしまうわけである。問いかけた人間は相手の回答をじっと待っていなければならない。どんなリアクションが返ってくるか、それだけに全身の感官を集中させていなければならない。

一方、問いかけられた人間は、何をしてもいい。問いに答えてもいいし、握手の手を差し出してもいいし、歌を歌い出してもいいし、足蹴《あしげ》にしてもいいし、背中を向けて帰ってもいい。

先に「?」のフキダシを頭に付けてしまった側は「居着き」、心身の自由を奪われ、付けさせた側はその問いかけをどういう文脈に置いて「料理」するかのフリーハンドを手に入れる。

これが「勝負」の基本構造である。

武道に限らず、教育であれビジネスであれ恋愛であれ、人間と人間が出会うときは、「先に居着いた方の負け」なのである。

私は名越先生と出会った瞬間に「眼鏡のフレーム」に居着いて、「斬られた」(どうしてここで「斬られた」という強い表現を用いたかというと、このときの名越先生の「あ、このフレームでしょ？」という言葉が、私には「ふふふ、君もまたこのフレームにひっかかったね。私の患者たちと同じように。君もまた、『自分がそのルールを知らないゲームにいつのまにかプレイヤーとして参加させられている』という仕方で、私に絶対的なビハインドを負ってしまったのだよ、ははは。ははははは」と聞こえたからである）。

この最初の出会いの日、お会いしてから二、三時間したあたりで、私は（本文中にも引いた）「狂い過ぎている人は発症しない」という診断を名越先生に下して頂いたのである。

これは私がこれまで精神科医や心理学者から伺った診断の中でもっとも得心のゆくものであった。

狂い過ぎている人は周囲の人を発症させるが、本人は発症しない。なるほど、そのせいで私のまわりにはあれほど神経症や人格障害や統合失調の人が多いのか。私はこの日おのれの宿業《しゅくごう》の深さを思い知らされたのである。

以来、名越先生を私は「わが魂の主治医」として敬愛申し上げ続けている。

しかし、名越先生は本業の他にもTVラジオに出たり、マンガの原作を書いたり、エッセイを書いたり、講演に呼ばれたり、めちゃくちゃにご多忙な方なので、なかなかじっくりとお話を伺い、私の歪んだ精神を整えて頂く機会がない。そこで、新潮社から新書出版の打診があったときに、「名越先生との対談本」というものをご提案させて頂いたのである。定期的に名越先生と会って、美味しいワインとご飯を（新潮社の支払いで）頂きながら、あれこれとお話を拝聴し、診断を受け、ついでに話を本にして印税も頂こうという「一石四鳥」企画である。

対談の主題は「14歳の子を持つ親たちへ」である。この主題を選んだのは、名越先生が思春期の子どもたちについて豊富な臨床事例をご存じであることがもちろん第一の理由であるが、私もまた「子供が日本社会の最弱の環《かん》であり、社会はそこから綻《ほころ》びてくる」という暗鬱な予見を有していることにもよる（あとひとつは新書の編集長の三重さんに中学生のお子さんがいらして、「どうしていいかわからないんです」と青い顔をされていたせいもある）。

大学の教師をしていると、高等教育の段階ではできることはもう限られているということを日々実感させられる。むしろ初等中等教育の立て直しが急務ではないのか。今おそらくいちばんきびしいのは、公立の小中学校の教育現場だろう。しかし、その現場に対する支援は（行政的な支援も、メンタルな支援も）きわめて貧しいままだ。

メディアの論調を徴する限り、「学校の管理教育が悪いからだ」「家庭のしつけがなってないからだ」「教師の教育力が低下したからだ」「文部科学省が朝令暮改するからだ」などなど、どの立場からなされる教育論も他責的な説明に固執している。

だが、教育の問題点は一種の「ループ」をなしており、教師が専一的に悪いとか、教育行政が諸悪の根源であるとか、すべては母親の過保護のせいであるとかいう単純な説明で片がつくはずのものではない。むしろ教育システムや家族システムが自明の前提として採用している「子ども」概念そのものの改鋳《かいちゅう》という仕事こそが喫緊《きっきん》の思想的課題ではないのか。私と名越先生はその点ではほとんど同意見であったと思う。

教育制度や家庭制度そのものを改善するのはたいへんな手間と時間がかかるし、どう変えるかについての社会的合意の形成も困難である。しかし、学校や家庭にかかわる個人が自分のマインドセットを切り替えるということだけなら、誰にでも、極端に言えば、その日のうちにもできる。

「子どもとは何ものなのか」について発想を換えるだけで、現場の見通しはいくぶんかは変るだろうし、ふるまい方のオプションもいくぶんかは増えるのではないか。私はそんなふうに考えている。名越先生もこの点については同意して下さるだろう。

ただし、本書を読んで「何かがわかる」とか「処方箋が手に入る」ということを期待されては困る。

私たちがここで勧奨しているのは、「子どもが何を考えているのかわからない」「どう対処していいかわからない」という事実を「早急に修復すべきトラブル」とみなさず、むしろ「子どもが何を考えているのかわからなくて当たり前」「どう対処していいかわからなくて当たり前」という仕方で、「肚《はら》を括《くく》る」ことである。

先ほどの比喩をそのまま使って言えば、私たちが親御さんたち、学校の教師たちに推奨しているのは「子どもに居着くな」ということである。

「子どもはこうあるべきだ」とか「子どもはこうあるはずだ」という信憑《しんぴょう》が子どもに接するときのオプションを限定し、いま子どもたちに起こりつつある前代未聞の変化を理解するフレキシビリティを損なっている。

勘違いしてほしくないが、それは「子どもなんて好きにさせておけばいい」という放任主義とは違う。

では、いったいどうするのか？「あるべき」姿も示さず、放任することも許さないとなったら、他にどういう手だてがあるのか？

当然、みなさんはそういう疑問に逢着するはずである。

本書はその疑問に対して、いくばくかの手がかりを提供できたのではないかと思う。

末尾ながら、愉快なセッションを設定してくれた新潮社の三重博一さん、足立真穂さん、私たちを巡り合わせて下さった甲野善紀先生、名越先生を支えるスタッフのみなさんに謝意を表したいと思う。みなさん、どうもありがとう。

それから名越先生、また仕事いっしょにやりましょうね。次回を楽しみにしています。

二〇〇五年二月　　内田　樹

# 14歳の子を持つ親たちへ——目次

# 第1章　道徳という「フィクション」を作り直そう

## 子どもを産まない本当の理由

**内田**　今、超少子化が進んでいますよね。この問題は母親のキャリア形成と絡めて論じられることが多いんですが、どうも違うんじゃないかという気がずっとしているんです。彼女たちが本当に恐れているのは、単に子育てによってキャリアが中断することだけじゃない。それよりも、子どもを産んで育てていった結果、その子どもが「訳のわからないもの」になりかねないこと、それ自体なんじゃないか。そう思うんです。訳のわからない子どもを持ってとまどうことへの不安と恐怖って、あまり語られないですけど、実は、それが少子化の根に強くあると思うんです。

**名越**　僕も精神科の医者を十七年ほどやってますが、それはここ数年で実感していることとですね。うちのクリニックにカウンセリングに来る人は女性が多いんですが、だいぶ親しくなってから「子どもどうするの?」って聞いてみると、みんな「産む自信がないです。怖いです」って言いますよ。「産むこと自体が怖いの?」「産むのも怖いけど、育てられません」という感じ。そう思っている女の人はすごく多いです。ほとんど多数派といえるかも知れない。

**内田**　「産んでも大丈夫」と誰かがきちんと保証してあげないと無理だと思うんです。子どもを産むと、母親自身の身体的・知的ポテンシャルも上がるし、子育ての過程で人間的にも成熟するし、社会的パフォーマンスだって向上するんだから、子どもを産むことは「ぜったいお得だよ」っていうふうに積極的にインセンティブを示さないと、たぶん誰も産まないですよ。

**名越**　そうですね。勇気付けるとか「大丈夫」と安心させるくらいじゃダメで、「プラスになるんだよ」と説得してからないと。

**内田**　行政がやっているエンゼルプランにしても、はじめから後ろ向きでしょう。出産育児を行政が「支援する」という発想そのものが「子どもを産むことは苦痛であり、育児は苦役である」ということを自明の前提にしているんですから。子どもは女性のキャリア形成を妨げるけれど、その「厄介者の世話」を行政がちょっとお手伝いしますから、「騙《だま》されたと思って、産んでみましょう」なんて言っても、そんなもんに、誰も騙されませんよ。

**名越**　もっとドラスティックな価値観の転換がないと無理でしょうね。

**内田**　女性の身体性の復権を主張している『オニババ化する女たち』（光文社新書）の著者の三砂ちづるさん（津田塾大学教授）と公開対談する機会があったんです。聴衆の八割ぐらいが三十代の女性で、終わった後の質疑応答で、何人も「子どもを産もうか産むまいかとダラダラ迷っているうちに、三十代の半ばを過ぎてしまいましたけども、産んだ方がいいんでしょうか」って、そろって同じ質問するんです。子どもを持つことへのリスクについては情報が潤沢なんだけれど、「産みなさい」と背中を押してくれるようなメッセージは誰も送ってくれない。

## 危機を論じることの難しさ

**名越**　この場で内田先生にお聞きしたいことがいくつかあるんですが、その一つは少年事件に関する情報公開の問題なんです。

開業してから、いろんなマスコミの方に来ていただくようになりました。大事なことですから、世間の話題になった事例をきっかけに危機感を持ってもらったり、身を引き締めてもらわないといけないなと思って、いろいろシビアなことをしゃべるわけです。危機に直面すると人間はある種、覚醒するということがありますから、それはまあ、一種の社会の危機管理みたいなものだと思ってます。

ところが、よく考えてみると、こうしていろいろと厳しいことを話していると、下手をすればただ社会の動揺を深くしているだけだったりするんですよね。

**内田**　ほんとにそうですよね。批評的立場の根本的矛盾なんですけど、厳しく現状を批判する人間って、どこか無意識的に事態がますます悪くなることを望んでいるんです。

その点は、僕のいる大学も一緒で。大学はいま市場による淘汰が進んで、どこも危機的状況なわけです。だから、「危機だ、危機だ」っていう警鐘を鳴らさないと、制度改革も意識改革も進まない。でも、「もうすぐ危機が来ますよ、危機がそこまで来てますよ」って言い続けていると、「オオカミ少年」と同じで、僕の予測が正しいということが証明されるためには、本当に危機が来ないと困るわけです。だから、危機論者はいつのまにか必ず無意識的に危機を待望しちゃうんですよ。どこかの大学が潰れかけているという新聞記事を読んだりすると、「ほらほら、僕の言う通りじゃないか」ってついうれしくなってしまう。これって、倒錯してますよね。

**名越**　話す側の問題もあるでしょう。ますます浮わついていってしまって、話していくにつれ、ワァーッと高揚してしまったり……。

**内田**　殺人事件の報道がそうですね。センセーショナルな事件が起きて、それについて詳細な報道がなされると、必ず模倣犯が出てくる。その事件が起きたことによって、自分の中にそれに呼応するものを発見して、「あ、俺はこれがやりたかったんだ」ということになる。そういう無意識的なリンクを発見するから模倣犯というものが出てくるわけですよね。「この犯人と自分は同じような家庭、同じような社会環境で育って、同じようなトラウマを背負っている。だから、俺もこういう犯罪によって自己表現すべきなんだ」というふうに犯罪の定型にそっくり従う人が多いからこそ、「プロファイリング」という捜査方法だって成立するわけですしね。

少年犯罪が一つ起こると、その後に類似した事件が立て続けに起こりますね。それは、自分の欲望の輪郭がまだはっきりと見えないでいる子どもたちが、他人の欲望に感染してしまうからじゃないでしょうか。

**名越**　そうですね。その感染力はすごく強いと思いますよ。もうほんとに見事に模倣しますから。

**内田**　無意識の欲望って、感染するんです。口で言われた言葉じゃなくて、その言葉の背後にある、言葉にならないような欲望が感染する。だから、社会的な危機についてテレビで評論家が語っている時、視聴者はその言葉の意味にではなくて、「もっと危機的な事態になればいいのに」という、当の評論家自身も気づいていない「見えない欲望」の方に感応してるんだと思います。

**名越**　それが危険だと思ったんで、PTAに対する講演などの時は、自分でも注意することにしているんです。やっぱり影響が怖いですから。

それと、母親の問題があります。母親がいま孤立している。マンション住まいが当たり前になって地域社会の横のつながりがなくなってしまった。核家族化して、自分たちの母親やおばあちゃん世代のノウハウも取り込めなくなった。母親が孤立する一方で断片的な情報はどんどん入ってくる。その情報も質的に悪いというより、煽《あお》られるような性質のものでしょう。「もう、子供は親を殺すぞ」みたいなね。

ただでさえ不安にかられて神経症的になっている母親に向かって、「これが現実に起きていることですよ」っていうことを突きつけたら、余計に煽られるだけじゃないか、と。

**内田**　そうですよね。

**名越**　そうすると講演者はある意味で手心を加えなければならない。でも、本当はもう膿《うみ》を突いて、ブチュッと中身を出しちゃったほうがいいのかもしれない。放っておくと、こういう状況をずっと継続させることに、自分が加担することになりかねないですから。ところが、ブチュッと膿だけ潰してやろうとすると今度はその下の真皮にガッと触れてしまって傷を広げることになりかねない……と、こういうジレンマに陥っているわけです。

**内田**　だとすると、思春期の子どもの親はこんな本を読んじゃいけない（笑）。

**名越**　そうは言いませんけど、ちょっとしたスリラーを読む時の覚悟くらいはしてもらった方がいいかもしれません。

## 佐世保事件の衝撃

**内田**　長崎県の佐世保で女の子が同級生を殺した事件がありましたよね。あの子、いくつでしたっけ。

**名越**　十一歳です。あれは僕にとってはとんでもなく大きな事件で、「ついに起こったか」という感じですね。

まず女の子がやったっていうこと。また、その女の子が、同級生を殺している場面で、感情の表出がほとんどなかったと言われている事実。さらに、鑑定の結果、彼女が「正常」であると認められたこと。ようやく正常だと認めたか、という感じがしましたけどね。

もちろん彼らを診察したことはありませんから、正式の診断ということではありませんが、それでも僕はずっと「正常」だと言ってきたんです。つまりいつになったら彼らを、自分たちと同じ血が流れている人間だと認めるのかという意味でですが、「酒鬼薔《さかきば》薇《ら》事件」の時から僕は、オフレコでは記者の人たちにそれをずっと言い続けていたんです。

**内田**　「あれは化け物だ」、「人間じゃない」っていうことに……。

**名越**　なっていた。そうすることで社会を守る、というかね。「正常」であるという鑑定結果が出たんで、社会的な認識としてはやっとスタートラインに立てた状態でしょう。

**内田**　彼女を「正常」ということにすると、従来の「正常」のフレームでは間に合わなくなっている。すると新しいフレームを作らなきゃいけないということになりますね。

**名越**　そうです。

**内田**　そうなると、「誰しも心の中に邪悪なものがあるんだよ」みたいな単純な性悪説を言っても何の役にも立たない。そういう単純な性悪説というのは、「善性」と「邪悪な衝動」という二極をやっぱり具体的に実在する「もの」として前提にしているわけですから。そういう単純な二元論ではなくて、「正常」であることのうちに「邪悪さ」があらかじめビルトインされているという全く新しい人間観に基づいて、行動を制御するノウハウを作り出していかなければならない。これはかなり技術的な問題ですよ。

**名越**　やっぱり根本的な見直し作業が必要でしょう。そういう殺人を犯した子どもたちの殆どは、「人を殺《あや》めるという一線」を踏み越えたという意識もなく、踏み越えているわけです。だから、今までの議論は棚上げにしても、その新しい人間知に向かわなければいけないと思います。

**内田**　殺人という一線を簡単に越えられるのは、その「越すに越せない一線」というようなものが実は存在していない、ということですよね。今までは、「人間には越えてはいけない線があるんだよ」「よっぽどの事情がないと越えられないものなんだよ」という物語がそれなりに有効に機能してきた。でも、それを繰り返し語っているうちに、その「越えられない一線」があたかも科学的事実であるかのように受け取られてしまった。それは科学的事実ではなく、人間が作為的に構築した道徳に過ぎないんですけどね。

**名越** その通りだと思います。少年事件が起こるとすぐ「エセ科学主義」みたいなものが出てくる。

**内田** 「エセ」というか、語り方に問題があると思うんです。「越えられない一線がある」というのは事実認知じゃなくて、本当は遂行的な命令だと思うんです。「越えられない一線」というものを構築せよ、という社会的要請なんですよ、あれは。それを強い言い方に言い換えると、「一線はある」っていうふうになる。「君の中に本能的な善性がある」っていう決めつけは、あたかも真理であるかの如く語られていますけれど、実はすでに遂行的な圧力を含んだ、一種の政治的言説なんです。

起源において、人間的なものはすべてある程度政治的なんだけれど、その起源における「作為性」を僕たちは忘れてしまう。人間がむりやり作り出したものを、自然の中にもとからあったものだと思いこむ。「作為的なもの」を「当為的なもの」と誤認する。

もちろん、誤認してもらって構わないんだけど、というか、誤認してもらわないと困るんだけれど。「大人」の方は「これは作り物だ」ということを心のどこかでわかっていなければならないと思うんです。

だから、もう一度、人間社会が成立した起源の瞬間まで戻って、「越えることのできない一線が私たちの内部に実在する」ということにしませんか、と(笑)。もう一回身銭を切って、フィクションを再構築しなければいけないんじゃないかと思いますけど。

**名越**　いや全く、僕が申し上げたいことそのものです。そこをちゃんと再構築しないとダメですよね。僕も思春期精神医学なんてやってて、子育ての現場にいつも立ち会っているわけですが、そこで一体何が起こっているのかを起点に考えないといけないと思います。「べき」論を語る前にね。

## 男の子は産みたくない

**名越**　少し遡って言うと、一九九七年に神戸の酒鬼薔薇事件が起こってから、「男の子は産みたくない」という認識がとても強くなったと思うんです。男の子を産んで育てる自信がないと。これは別に統計取ったわけではないんですが、肌で感じるんです。

内田　そういうのって、リアルですよね。

名越　すごくリアルですよ。もともと男の子が愛《め》でられた歴史というのがあるじゃないですか。家によっては赤裸々なほど男の孫を喜んだり……。ところが、この酒鬼薔薇事件で完全に崩れました。

内田　女の子ならいいんですか。

名越　これはこれで恐ろしい話で。母親と娘の密着っていいますか……。

　母親っていうのは、男の人で相談できる相手がいないんです。あるいは自分の友人にも。女の子を産みたがっている人たちに「なんで女の子を産みたいんですか」と聞くと、「相談相手になってほしい」と答える。この「相談相手」なんてね、柔らかいパフみたいな言葉ですけど、本当は怖い言葉なんですよ。

内田　自分の言うことを全部承認する相手が欲しい……。

　実はね、わりと怖い経験をしたんですよ。どこかオモチャの会社が作っている人形で、「プリモプエル」ってあるのご存じですか？　こっちが呼びかけると声を出して返事するんです。ほっとくと「ねえねえ、たいくつ」とか言うんです。これが中高年女性の間で大流行してる。僕も見たことあるんですけど、この人形にいろんな服を着せて、小道具持たせて、まるで自分の子どもみたいに話しかけるんですよ、五十代、六十代の女の人が。今じゃ、プリモプエルのための入学式とか遠足とか運動会とかあって、そこに日本全国津々浦々から、「わが子」を連れたおばさんたちが数百、数千人と集うんだそうです。かなり怖い風景でしょう？

あらかじめセットされた単語を発する人形に愛情や固着を感じるのって、僕にはうまく理解できない。この女の人たちが「母性愛」的なものを刺激されているっていうことはわかるんです。でも、そのときの「母性愛」というのは、何か新しいものに反応しているんじゃなくて、自分にとって許容可能なふるまいや、自分にとって登録済みの既知の言葉を再認することで、満たされている。

でも、これってちょっとまずいんじゃないかと思うんですよ。だって、親にとっての子どもって、実は刻一刻と変化し、未知のものに「化けてゆく」種類の他者じゃないですか。そのような「訳のわからないもの」をそれでもにこやかに許容するための支えとして「母性愛の幻想」みたいなものが因習的に構築されてきたはずなんです。子どもが自分にとって「訳のわからないもの」であればあるほど、「母性愛」が大量に備給されて、そのギャップを埋める。そういうかたちで来たと思うんですけど、ここにきて、それとは逆に、「訳のわかるもの」「コントロール可能なもの」に対して大量の母性愛リビドーが放出されている。これって、おかしいですよね。というか、かなりやばいんじゃないかな。

母親が子どもに対して「訳のわかる存在であること」を要求し、母親自身の価値観や生き方を承認し、確証する役割を子どもに求めるのって、本末転倒じゃないですか。親が子どもを承認するんじゃなくて、子どもに親が承認してもらう。

ペットブームもちょっとこれに似ているかなと思うんです。自分の意思のままになるものなら「かわいい」けれど、訳のわかんないものは「かわいくない」。それが逆にならないといけないのに。犬も子供も、親の自己承認のために道具的に利用されているような気がするんですけど。

**名越**　この間、フランソワーズ・サガンが亡くなった時に、一つ発見があったんです。何人かの評論家がサガンの死を悼んで色々書いてるんですけど、関川夏央さんが「彼女は『老いた少女』のように死んだ」って言っていて、すごいなあと思った。

**内田**　痛々しいな。

**名越**　すごいでしょう。「『老いた少女』のように死んだのだ」っていう。いやこれ、名言だなと思って。久しぶりに言葉の力を感じるようなね。

内田　それって、三砂先生が言う「オニババ」ということですかね。

名越　そうなんですよ。でもね、ほんとに時代が共鳴してるっていうか、「ハァ?」と思って。色んな言葉が僕の中で共鳴してね。そのお人形さんの話もそうだし。

内田　プリモプエルはけっこう怖いです。

名越　要するに子どもとの距離が近すぎる。自分自身と他者との区別がつかない幼弱な部分で子どもを求めている。ある種、老いたオママゴトですよね。

内田　そうですね。

名越　そういうものがあった中で、女の子が殺人を犯したっていうところに僕は……。

内田　時代の兆候を感じる、と。

名越　ええ。

### 極限まで我慢する日本人

名越　僕ね、この事件は確かに大変なことだと思うんです。つまり、これでもう決定的に女性は子どもを産みたがらなくなる。女の子でもダメだと。

でも、こうして、「女の子ならいい」とか「お人形さん遊びなら大丈夫」みたいなラインも全部ふさがれてしまったら、今度こそ本当のコミュニケーションについて考えなければならなくなるんじゃないか、という気がするんです。そこまで行かないと、日本人ってやっぱり変わらないんじゃないですかね。

**内田** 日本人って何でも一気に行きますからね、何でも。少子化現象だって、一・五九ショックから一・二九まですぐ、あっという間でしょう。厚生労働省の統計予測なんて、ぜんぜん追いつかない。日本人って、とにかく極限まで突っ走ってから、いきなり違う方向に急転換、というところがありますよね。

**名越** ギリギリまで知らん振りしてて、ある日ワーッと変わる。

**内田** 僕はこれを『総長賭博』的メンタリティーと呼んでいるんですけどね。『総長賭博』って、東映やくざ映画が「芸術」として承認された最初の記念碑的作品なんですけれど、どうしてかっていうと三島由紀夫が激賞したから（笑）。主人公の鶴田浩二が理不尽に耐えて耐えて限界まで耐えて、最後にすべてをぐっちゃぐちゃにして自分も滅びてしまうという話なんです。誰が見ても、そんなに我慢しないで、もう少し早めに「ちょっと、叔父貴、それじゃ筋目が通りませんよ」って言えば済む話なのに、あらゆる理不尽な要求に「はい、はい、はい」と無条件に従っていて、忍耐の限界まで来たら、ある日いきなりグサリ（笑）。

**名越**　で、それを観た日本人は、解放されるんですよね。

**内田**　ずうっと我慢して我慢して、我慢を重ねた末に、最後に怒りが抑制を失って爆発する。物語の九十五％ぐらいが屈辱と忍従の話で、最後の最後にカタルシスが訪れる。その我慢の仕方が、『総長賭博』は半端じゃないんです。普通なら、「いくらなんでも、これはひどい」って言うべき場面でも、じっと我慢する。これが日本人のメンタリティーにすごく合うんですよね。

**名越**　ほんとにそうですよね。

**内田**　ヨーロッパ人なら、もっとずっと手前で何とか手を打つでしょう。日本人は手を打たないんですね。ネゴシエーションというのが嫌いなのかな。途中で手を打って中途半端な「改良」をするよりは、とことんまで行ってグジャグジャに「破壊」した方が、結果的には早くシステムが変わるということを、経験的に知っているのかも知れない。

日米関係や北朝鮮との外交交渉を見ても、なんだか「爆発まで、あと何秒」という感じの『総長賭博』的カタルシスを待望しているみたいだし。

名越　確かにそうかも知れない。考えたら『忠臣蔵』とかもみなそうですから（笑）。毎年やってますからね。

内田　あれもしかすると、日本人のメンタリティーの確認作業なのかも知れませんね。『忠臣蔵』にびびっと来るのが日本人」って毎年年の終わりに確認してる。

名越　だから、こんなこと言ったらほんとに不謹慎な言い方ですけど、佐世保の事件を見ていると、ある意味で「これでエンジンかかるかも」って思うんですよ。

## ほんとは危ない人、養老孟司

内田　甲野善紀先生が前に僕を捕まえて、甲野先生や僕みたいなのがメディアの表舞台に出てくるっていうのは、「表のシステム」が破綻してるからだって言ってました。本当なら表に出てくるはずがないんですって、僕たちみたいな「マイノリティー」は（笑）。

名越　引っぱりだこの養老孟司先生だって解剖学者ですからね。死体を腑分けし続けてこられた方ですから（笑）。

内田　養老先生って、過激過ぎますよ（笑）。この間、養老先生と対談したんですよ。

製薬会社の出している雑誌で。でも、雑誌が出来たら、養老先生の話した面白いところは、ほとんどカットなんです（笑）。危な過ぎて活字にできない。『バカの壁』も相当に薄めていると思いますよ。毒、すごいですもん、養老先生。

だから養老先生の本が三百万部のベストセラーになるって、変なんですよ。あんな常識逆撫でするような意地悪なことばかり書いていて。養老先生や甲野先生や名越先生って、やっぱり「乱世」じゃないと表に出てこないタイプだと思いますよ。社会秩序が平穏無事なときはたぶんあまり用がない。それがいろいろな人からコメント求められたり、本を出してくれって頼まれるってことは、エスタブリッシュメントというか、メインストリームのシステムが、いっぺん「全取っ替え」しないとダメなくらいにガタが来てるってことじゃないですか。

**名越**　僕もハンニバル・レクター博士に近い視点を持っているかもしれないですから（笑）。本当は出られませんよ。

**内田**　「この辺はちょっと問題があるから、今のうちに補正しておこう」という微調整をしながらシステム・クラッシュを予防するという発想が、日本人には希薄なのかな。とことんまで矛盾を放置して、全部ダメになって、それから新規まき直し。二党間で政権を定期的にやりとりする二大政党制なんか絶対に日本に根づかないですよ。そんなの日本人に合うわけないんだから。

だっておかしいじゃないですか。家庭も学校も政治も企業も警察も役所も、まるで示し合わせたように「いっぺんに全部ダメになる」というのは。共犯意識がないと、こんなことありえないですよ。日本人打って一丸となって、日本をダメにするために一致協力しているんじゃないですか。こういうことになると、日本人の組織力ってすごいから。

**名越**　何か一丸となってるの好きですしね。いやあ、日本が見えますね。

## 人間的葛藤がないが故の親殺し

**内田**　先程、ＰＴＡの場合には何を言うか注意しているとおっしゃいましたが、何かがきっかけでそう思うようになったんですか。

**名越**　気にしだしたのは二〇〇一年ぐらいからなんです。

例えばうつ病がテーマで労働組合に呼ばれて、「うつ病とはこういうものですよ」っていうのはできるんですよ。ところが思春期のいろんな家庭環境とか家族との関わりとか、あるいは少年犯罪絡みの問題っていうのは、皆ものすごく敏感になっちゃうんで、反応が心配になる……。心配になるというよりも、そういうことを話すのは危険性が高いと思うんです。みんなで反芻《はんすう》するじゃないですか、その講演の内容を。でも、「じゃ、どうすればいいんだ」ってことを、ＰＴＡレベルの場合には本当に言いにくい。

講演を聞きに来る人っていうのは、殆どはカウンセラーにカウンセリングしてもらわなければいけないほど深刻な事情を抱えているわけではないですよね。でも、それなりに親子の問題は抱えているから、「皆さん、気をつけて下さい」ぐらいしか言えないわけですよ。でも、悲惨な状況を理解し、一肌脱いで本気でその問題に関わってやろうっていうような親が、今の日本にどれだけいるかっていうと、僕にはそんなにいるとは思えないんですね。どっちかと言うと、うろたえてしまうような親御さんがほとんど。こちら側から出したメッセージが彼らにとってはきつすぎて、すり傷、切り傷だらけになってしまう。

**内田**　中学生ぐらいの子どもを持ってるお母さんたちの、精神医療の問題に関する知識ってどうなんですか。

**名越**　限りなく低いと思います。つまりそれは、日本人的なコミュニケーションと関わってくるような気がするんですよ。

例えば親を殺す子どもって出てきてますよね。一般的な家庭のお父さん、お母さんたちは、こうした子どもたちを「特殊な例」というふうに思いたいんだけど、「でももしかしたら特殊な例じゃないかも」という思いを捨てきれず、ほんとのところはすごくビビッてるんじゃないでしょうか。何か自分の人生と一脈通じる、電線が通ってるような、不気味な影にドキドキしているような部分もあって……。

そういう事件があると、取材でライターさんや記者さんから、あるいは一般の親御さんからも「そこまで親が憎いんでしょうか」って聞かれるわけです。「何でそこまで憎むんでしょう。何で殺したいぐらいまで嫌われるんでしょう?」と。その時の僕の答えは一言です。「それは全く勘違いだと思う」

憎しみとか怒りとか、「こいつを殺したい」っていう怨念は人間的感情ですよ。非常に深い関わりがあるからこそ起こってくる愛憎劇でしょう。でも、彼らが親を殺すのはそれが原因ではない。彼らには人間的な関わりが全然芽生えていないんです。あるいは発達していない。人間的感情を経験していないからこそ親を殺すわけです。恐らく、殺人事件までいく子どもたちと、一般の子どもたちの中に一脈通じてる部分があるとすれば、この部分です。まったく個人的な感覚で類推するに、「親を殺したい」って思ったことのある子どもたちは、実際に殺した子の百倍ぐらいはいると思うんですよ。

じゃあその子たちはどんな感情を持つのか。僕は臨床家なので、実際に診たことがない子まで含めて断定はできません。が、あえて極端な言葉でわかりやすく言うと「気色《きしょく》悪い」とか、「邪魔だ」とか、あるいはもっと生理的に「生ゴミが臭い」みたいな、もう排除したくてしたくてしかたがない感じなんじゃないかな。何かこう、腐臭を発しているゴミ箱を前にしたような、そんな感覚を絶えず親から取り込んでいて、「もうたまらないから処理したい」っていう感覚に近いんじゃないかと思いますよ。

**内田**　人間的葛藤がないんですね。

**名越**　ええ。じゃあなんで長い間、そんな親をそのままにしておくかというと、よくゴミが出せない人っているじゃないですか。

**内田**　いますね。

**名越**　近くに来たら臭いからもう見て見ぬふりをする。この感覚って大人でもわかりますよね。僕なんかもよくわかるんですよ。腐ったもん、ほとんど苦手だから。

で、自分と関係ない人をどんどんどんどん排除していくっていう今の風潮は、電車の中で平気で化粧する女の子とか、地べた座りをするような感覚とも繋がっている。自分が人と共有している空間、あるいはどこまでが自分の身体の感覚なのかっていうことが、どんどん狭まっている。それがオヤジ狩りとかにもつながるし、父親がそこに座っていても見て見ないふりをしたりすることにもつながる。

まさに酒鬼薔薇聖斗が言ったことと反対ですよ。「透明な存在であるボク」じゃなくて、相手を「透明の存在」にしてしまっているわけです。

# 第2章　病気なのは親の方？



## 失われた公共性の感覚

**名越**　前章で述べた「相手を透明にする」感覚は、恐らく海外よりも日本の方がずっと顕著で、家族が奇妙な状況で維持されてしまう一つの力になっている気がします。例えば「襖《ふすま》の文化」とか「障子の文化」では、向こう側で大陰謀がめぐらされていても、隣に座っている人は聞かないふりができる。「越後屋、おぬしも悪よのぉ」とかやってても（笑）。

そこに敷居があるだけで空間が違うっていう感覚は、恐らく海外ではほとんどありえなかった空間感覚でしょう。日本人独特の非常に高度なメンタリティーだと思うんですよ。

**内田**　そうですね。石の壁がないと相手と別れられない、ドア閉めないとダメだっていう文化と、襖一枚でもそこに私的空間を作り出せる文化の違いって、ありますよ。プライバシーっていうのは、本来は自分で壁を作るものじゃなくて、周りにいる人が作ってあげるものですよね。横で何かしてても、見ないようにふるまう……。漱石の『それから』って小説あるじゃないですか。主人公の代助って三十ちょっとぐらいのいい大人なのに、親掛かりで一人暮らしをしている。で、和室三つぐらいしかない家にばあやと書生と、二人も使用人がいて、そこに人妻を連れ込んで不倫したりするわけです（笑）。

**名越**　なるほど。

**内田**　実際には全部丸見えなはずですよね。にもかかわらず、不倫が可能であるというのは、代助にとっての「プライバシー」というのは、「壁がある」とか、「ドアが閉まっている」とか、「施錠できる」っていう意味じゃないということですね。プライバシーって、その場にいる人間たちの、マナーの問題なんですね。女の人がやって来たら、みんなこうスーッと引けていって、「あっ、ちょっと買い物に行きます」とか「あ、庭掃かなきゃ」とか言って（笑）。そういう気づかいをすることによって、プライバシーを確保したい側が自力で獲得したり奪還したりするんじゃなくて、周りにいる共同体の他のメンバーが人工的にその距離を作ってあげる。そういう阿吽《あうん》の呼吸というか、言わず語らずの心づかいみたいなものがあったと思うんです。そうじゃないと、襖と障子の文化のところで、プライバシーなんて成立しようがない。

ヨーロッパの石造りの家だと、厚い壁があって、扉を閉めたら何も聞こえないというふうなフィジカルな条件がプライバシーを担保してくれるけれど、日本にはそういうものがない。だから、紙一枚でもプライバシーが保てるっていうのは公共性に対する感度の高い配慮がないとできなかったと思うんですよ。

近代化の過程で、一番根こそぎにされたのはこの公共性の感覚なんじゃないかな。公の場と私の場というのは、外形的な条件で決められるんじゃなくて、微妙な人間関係の綾を感知して、同じ場所で、同じ人間が相手の場合でも、「あ、いま公共的な局面になったから、ぴしっとしないと」とか、「いまは私的な場だから、だらだらしてもいいんだ」というような使い分けというか、見きわめというか、そういうことができることが社会的能力として要請されていたと思うんですよ。「公私の別をわきまえる」というのは、同じ人間が同じ場所にいても、関係のかたちが変わることがあるということを理解しているということじゃないですか。自分の私的な感覚みたいなものをずるっと出しちゃいけない局面というのをちゃんとわきまえているという。

最近の言葉で、僕が一番嫌いなのは「キモイ」っていう言葉なんです。皮膚感覚的な気持ちの悪さが社会関係の領域にまで拡大していっている感じで。

**名越**　そこが非常に面白い日本の特徴かなと思っているんです。つまり、そういった公共、私的というような区別がなくなった時に、それでも日本人的な対人関係の技量はそのまま残っている。

**内田**　そうなんです。残っているけれど、もう同じものじゃない。横にいる人を見て見ないふりをする技術だけは残っている。でも、公共性の感覚はなくなってきてる。

**名越**　電車の中で化粧もできるし、家の中では父親がいるのに「いない」っていう感覚を持てる。そういうことだと思うんですよ。でも、例えば女の子が恋愛をしたり、男の子が何か問題を起こしたりして急に親が入り込んでくる時、自分は全く親を見ていないわけですから、とてつもない違和感のある何かを親に感じて、「排除」というスイッチが入ってしまう。

だから親を生ゴミのように見ているっていうのは、親を人間的に侮辱しているんじゃないんです。完全に親を無視しているということが何年も続いていると、関わりが出来る局面で、何か異界からやって来たモノノケのような感じになってしまう。近すぎるくらい近い生々しい存在なんだけど、それにかまけて具体的な関わりを長年持ってこなかったので、一方ではすごく粗末なイメージ、例えばいつもじとーっと自分を見ているとか、不機嫌そうに新聞見てるとか、そういうイメージだけが固定化してあって、あとは訳のわからない存在なわけです。つまりは近親者としての生々しい感じと意味不明なやつという感覚との落差が強い違和感を生じさせるのかもしれない。そういう落差もあって子どもたちは「キモイ」っていう感覚を持ってしまうんじゃないかな。

## 親の方が病気だ！

**内田**　こんなことを言うとまた世間の親を敵に回すようですけども、結局その子どもたちもそういうふるまい方を親から学習していると思うんです。コミュニケーションの作法っていうのは、子どもがオリジナルに作れるものじゃない。親や教師のような非対称的な関係の中で、自分より「先に生まれた」人間たちが子どもたちに対して向けるコミュニケーションのやり方を見て学習する以外にないんですから。

周りを見ていると、精神的に病んでいる女の子たちって、母親との葛藤が原因の人が圧倒的ですよね。

　子どもは色々とシグナルを発信しているのに、母親がそれをほとんどシステマティックに無視する。でも、その子の中の「承認可能な部分」についてだけは、反応する。成績がいいとか、スポーツがうまいとか。でも、子どもが弱っていたり、苦しんでいたりすることを伝えるシグナルには反応しない。そういうメッセージは母親の子育ての失敗に対する言外の非難を含んでいるから。そういう受信したくないシグナルだけは選択的に無視する。自分が許容可能なメッセージだけ受信する。都合の悪いシグナルは自動的にただの「ノイズ」に変換されてしまって、もう人間の「声」としては耳に届かない。かたわらにいる人間を選択的に「透明」にしてしまうマナーを、子どもたちは自分たちを平気で「透明」にしてしまった親から学習しているんじゃないでしょうか。

**名越**　僕も診療の中で同じようなことを感じてるんです。例えば、学校へ行きたいのに行けないとか、あるいは対人関係の中でどういう距離を取っていいのかわからないって言って苦しんでいる子らが来る。で、当然その親御さんと一緒に来るわけです。

　僕の目というのは、ある種専門家的なバイアスの掛かった目ですよね。専門家は自分自身が「専門家」という一つの先入観を持った目で見ているからこそ、ある種バランスが取れるということがある。で、そういう専門家の一つの固定観念的な尺度から見ると、どう見ても親の方が病気なんです。

でも、その時にそのまま「親を治療しないと」って言うと面倒なことになりますから、ひとつブレーキを踏んで、「いや、これは専門家から見たバイアスなんだ」と思ってないと、誰を治療していいのかわからなくなりますよ。どう見ても親の方が重症に見えてくる。まあ「八割以上が」と、控えめに言っておきます。

**内田**　以前にその話を伺いましたよね。その時に名越先生、こうおっしゃったんですよね。「狂い過ぎている人は発症しない」って。二人で大笑いしましたね。顔を見合わせて（笑）。

**名越**　自分のコミュニケーションの取り方で他の人とコミュニケーションが取れていると信じ切っていたら、そこで破綻することはないですよね。自己イメージが崩れることはない。でも子供たちはまだ、「あれ、俺クラスで浮いちゃってる」とか、「こいつと上手く繋がれない」ということを、言葉にできなくても身体の中に違和感として持っているわけですよ。ところが親の場合はもう完全にそういうノウハウの中で生きていますから、省みる感性がない分、平衡状態をちゃんと保てるんですよね。

**内田**　身体と精神がきちんと平衡を保ったまま、秩序立って狂っている……。

**名越**　そうですそうです。そこでバランスが取れちゃってる。

典型的な例を一つ話しましょう。僕は日々、うちのクリニックに来るお母さん方と色んな話をしています。子どもさんの場合には、色々話をしてもちろん通じ合った場合には、その話の全体から僕が言いたいことを摑んでくれてるな、という感じがあるんですよ。「だから、これはこうしておこうね」っていう軽い結論さえ言えば、「他に聞きたいことある？」って聞いても、「うん、今日はこれでいい」って言います、子どもは。でも親御さんに同じ話をすると、「結局だから私は、こうしたらいいんですね」って、その話を百分の一ぐらいにまとめてしまう。それはそこしか聞いていないってことでしょう。

僕ね、今まで何千人かの子どもと話して、「先生、結局こうしたらいいんですね」って聞いてきた子どもって一度も会ったことがない。ところが、「結局こうしたらいいんですね」って言う親御さんには、少なくとも数百人は会ってると思うんですよね。

**内田**　コミュニケーションの現場では、理解できたりできなかったり、いろんな音が聞こえてるはずなんです。それを「ノイズ」として切り捨てるか、「声」として拾い上げるかは聴き手が決めることです。そのとき、できるだけ可聴音域を広げて、拾える言葉の数を増やしていく人がコミュニケーション能力を育てていける人だと思うんです。

もちろん、拾う言葉の数が増えると、メッセージの意味は複雑になるから、それを理解するためのフレームワークは絶えずヴァージョン・アップしていかないと追いつかない。それはすごく手間のかかる仕事ですよね。そのとき、「もう少しで『声』として聞こえるようになるかもしれないノイズ」をあえて引き受けるか、面倒だからそんなものは切り捨てるかで、その人のそれから後のコミュニケーション能力が決定的に違ってしまうような気がする。

## 「むかつく」しか言えない

**内田**　今の日本の母親たちは、あえて可聴音域を狭くして、聞き取れる範囲を絞り込んで、その中で整合的なメッセージだけを聴き取ろうとする傾向がすごく強いと思うんです。「要するに、こうこうなんですね」と言って「話を終わらせる」ことに異常に固執するというのは、そういうことじゃないかと思うんです。この間、養老先生から聞いた話ですけれど、ある講演会で「子育てにマニュアルはない」ということを話された後に、聞いていた母親が先生のところに来て、「あのー、マニュアルがない場合には、どうすればいいんでしょうか?」と訊いたという(笑)。

　とにかく、話を終わらせたいんですよ、簡単に。だから、自分の子どもがノイジーなメッセージを発信しても、「要するにあんたは、こう言いたいわけね」っていうふうに、端数を切り捨てて、整合的だけど限定的に「理解」してしまう。子どもが発するメッセージの中には、まだ輪郭の整わない、子ども自身も自分が何を言いたいのかわからないような、雑多なざわめきがたくさん含まれているんです。でも、そういう母親はそれを聴き取ることができない。曖昧な言葉遣いというか、グラデーションをつけることができなくなっている。

　この間、『ロンブーのブラックメール』というテレビを観てたんですけど、付き合っている男の子をテレビ局が用意したダミーの女の子が出てきて誘惑するのを、モニタールームで女の子が見ている。自分の彼氏が簡単に籠絡《ろうらく》されちゃうのを見ているわけです。男がでれでれとやにさがってゆく姿をモニターで見て笑うという悪趣味な番組なんですけども、そのモニターを見ている女の子が十分間くらいずっと同じ言葉しか口にしない。「むかつく。むかつく。むかつく」って、ずっと言い続けているんですよ。何聞かれても「むかつく」。それしか言わない。

**名越**　メチャクチャよくわかります。

**内田**　目の前で事件が経時的な変化を伴って起きているわけですから、その揺らぎとか不安とか怒りとか、色々感情の変化って実際にはあるはずですよね。でも、その経時的変化を形容する言葉がないんです。使える言葉がただ一つしかない。だから種明かしされた後に、男の子との対面の場面で、男の子が土下座して謝っても、それに対しても、この女の子は最後まで「むかつく」だけしか言わない。

この女の子にだって、感情の濃淡があるはずなんです。でも、その感情を個別的に表現していくような語彙がない。だから結果として、感情そのものも貧しくならざるを得ない。

**名越**　一部の例外を除いて八十％……七十％ぐらいかな。七十％の若い人の感情表現はね、二つの言葉以外聞いたことないですよね。「むかつく」と「かわいい」。これ以外の感情表現を、日常的に聞いたことないですよ。

**内田**　その「かわいい」って形容詞で、印象的な場面を思い出しました。昭和天皇が重態になった時に、皇居に記帳する所がありましたよね。その時、何十万か何百万の人たちがそこで天皇の快癒を祈念して記帳したんですけども、その列の中に女子高校生もけっこうたくさんいた。その子たちがテレビのインタビューで「どうして天皇などという、あなたの日常生活とはあまり関係のないような人のために、こんなところで記帳するの」って聞かれたら、その女子高生がこう言ったんですよ。「だって、天皇って『かわいい』じゃん」。びっくりしました。一つの日本語の意味が今変わったということと、日本人の感覚からある種の感情を表すことばが消えたんだということと、両方感じて。

## ディベートは最悪の教育法

**内田**　ちょっと学校教育の方に引き付けて話しますけど、東大の教育学の佐藤学先生が、小学校の教育現場で「自分の意見をはっきり言いましょう」ということを原理原則にしているけども、これはおかしい、ということを言われてました。小学校の低学年の子が、自分の思いとか意見とかをはっきりした言葉で言えるはずがない。言葉に詰まってしまうとか、あるいは複雑な感情だったら語彙が追いつかないから黙ってしまうというのが小学生中学生にとっての「当たり前」なわけであって。ほんとうに感受性が優れていて、言葉を大切に扱う子は、口ごもって「シャイ」になるはずだって佐藤先生は言うんです。

**名越**　教育学専門の先生で、そういうことおっしゃる方がいらっしゃると知ってホッとしました、今。

**内田**　でも、佐藤先生みたいな方は例外で、今の日本の学校教育の現場では、シャイネスはネガティブなものとしてしかみなされない。

**名越**　まったく。「教育が破綻した」と言われて十年ですけど、その間に新しい動きが起こってきて、僕も初めは「おお、いいぞ」と思ったんですけど、結局いまとても心配してるのはそのことです。コミュニケーションとは、自我をはっきり持って、それで自分の意見をはっきりと発信できることだってことになっているんですよ。

**内田**　むしろ逆ですよね。何を言っているのかはっきりわからないことを受信する能力のことでしょう、コミュニケーション能力って。聞いたことのない語を受信することによって「あっ、こういう言葉が存在するのか」というふうに驚くことを通じて語彙だって獲得されるものなんですから。言いたいことをきっぱり発信するだけでいいなら、「むかつく」という言葉を小学生の時に学習して、「ああこれは自分の気持ちにぴったりだ」と思った子どもは「むかつく」という言葉を死ぬまで言い続けていなければならないことになる。

**名越**　発信できるということだけだったら、大阪のオバチャンなんかいっぱいいますよ

（笑）。コミュニケーションにおいて、自分の意見をはっきりと言うなんて後でもできるんです。発せられた言葉からどれだけの意味を感得できるか、どれだけのことを自分の中に取り込むことができるか。それこそが大事なことなのに、教育からどんどん抜け落ちてきている。逆のことをしてるんじゃないでしょうか。

**内田**　そう、逆なんです。教育問題の根本には、「自分の意見をはっきり言いなさい」「個性的に表現しなさい」といった、「一義的でクリアカットなメッセージを発しなさい」という強制がある。そういうことを子どもに強制するのはほとんど罪悪だと思うんです。むしろ言葉に詰まる子に対して、いくら言葉に詰まっても構わない、先生は待っててあげるから大丈夫だよ、と告げることの方がずっと優先順位の高い教育課題じゃないですか。人前で語ると、どうしても恥ずかしくて言葉が詰まっちゃうという子どもに、「シャイネスというのは美徳なんだよ」って言ってあげること。あるいは、中途半端な言い方をしてしまって、「こんな言葉づかいじゃ、僕の気持ちが伝えられない」と、すぐに前言撤回しちゃうので、話がグルグル回るばかりで、さっぱり結論に至らないというような、そういう子どもに対しては、そういう時こそコミュニケーション能力が飛躍的に成長する決定的なプロセスを通過しつつあるんだということを、忍耐強く看て取ってあげないといけないと思うんです。

ディベートなんて、コミュニケーション能力の育成にとっては最低の教育法だと思いますよ。こっちから半分の人はこの論点に賛成、こっちから半分の人は反対の立場から発言してくださいなんていうことをやったら、出来合いのストック・フレーズをどこかから借りてくるしかない。それをただ大きな声でうるさく言い立てれば、相手は黙る。そんなくだらない世間知を身に付けたって、何にもならない。そんなことを何百時間やっても、自分の中にある「いまだ言葉にならざる思い」とか「輪郭の定かならぬ感情の断片」を言葉にする力なんか育つはずがない。もっと大切なことがあると思うんです。まず思いが上手く言葉にならないで、ぐずぐず堂々巡りをする子に、「それでいいんだよ」と言って承認してあげること。

あと、矛盾するようですけれど、それと同時に、どこかでその終わりなき呟きを断念することも教えないといけない。百%ピュアな、言葉と思いがぴったりと合致した理想的なコミュニケーションなんてありえない、ということも教えてあげないといけない。もうこれ以上適切な言い方はみつけられそうもない、この辺で手を打とうという断念も、やっぱりコミュニケーションにおいては必要なんです。

この諦《あきら》めの悪さと諦めの良さが同居している、というところがコミュニケーションの勘どころなんだけど。矛盾してるんですよね、そもそもが。自分の思いを適切に伝える言葉に出あうまで、口ごもりながらでもいいから「言葉を探してごらん」という励ましと、自分の思いを語り切れる言葉に人間は絶対出あえないんだから、どこかで諦めて「言い切りなさい」という忠告を、子どもに対して同時に告げなければいけないんですから。

自分が自分について語ることは、つねに語り足りないか、語り過ぎるかどちらかで、自分の思いを過不足なく言葉にできるなんてことは起こりえない。だから、ぎりぎりのところでそれに触れそうな言葉を次々とつなげてゆくしか手がない。そして、逆説的なことですけれど、言葉による完全な表現を断念した人間だけが、豊かな言葉を獲得してゆくことができる。自分の思いを確実に表現した言葉だけを選択しようとすると、「むかつく」とか「うざい」とか「かわいい」とか、そういうほんとに貧しい言葉しか残らないんです。

**名越**　臨床でも、小さいお子さんが時々来るんですよね。で、小学校の中学年、低学年なんかで、不登校にちょっとなりかけるような子どもっていうのは、たいていすごくシヤイな子なんです。これも僕の治療家的感覚からすると、彼らは非常に内面が豊かな子なんです。豊かな子だから、簡単には表現できない。で、親御さんを見ると、子どもよりはずっとガサツな人。ある意味感性が鈍い。鈍いっていうか、太いとこしか通ってない。太い大きな道路は通っているけど、小さい道路はもう塞がっちゃってるというような人。

勿論、そのお母さんたちにはみな、診察室でも丁寧に対応していただいてるんですけど、たいがい、子どもは顔を上げられずこうやって下向いてたりします。そこでお母さんが「ほら先生に、早う自分で言わんかいな」とかっていうようなことを言いますよね。その時に、確かに僕はそう感じるからこんなことを言うんです。「そんなね、初めて会《お》うたこんな変なメガネ掛けたオッチャンに、いきなりそんな話できへんわなぁ」。そうしたら、子どもの反応っていうのは速いですよ。無表情な子どもを、僕はほとんど見たことないですね。「フーッ」と顔がゆるむ。あるいはもっと極端に言うと、頬が赤くなります。まったくほんとに色として血の気が出るんですからね。

それぐらい子どもの感覚の部分っていうのは正しい。言葉で表現できなくても、見事に表現しますよね。でもそれが学校教育や家庭のコミュニケーション・マナーによって摘まれちゃう部分があるんだと思う。

内田　子どもの問題って九十九％大人の問題ですよ。

## 親世代のコミュニケーションの問題

名越　よく言われるんですけど、「子どもの話をよく聴こう」っていうのがあるじゃないですか。これは勿論大事なことだし、わかるんですよ。わかるんだけど、多くの親御さんがしているのはこういうことなんです。つまり、「話してみ」「何を言いたいの」と。要するに「ディベートしなさい」というレベルで、それを子どもに迫る。

結局言葉だけを待ってしまって、子どもが発してる信号には反応しない。微妙な表情筋の動き、あるいは空気の動きからコミュニケーションが始まってるんじゃなくて、言葉しかない。「言葉を発せよ」というところから始まってるのが危なっかしくて、僕は「子どもの話をよく聴こう」っていう標語に乗っかることをすごく躊躇したんです。「子どもと対話しよう、話をしよう」というのは正しいことではあるんだけど、その前にやることがある。それは相手を認知する、つまり相手の存在をちゃんと視野に入れるということなんです。けど、当たり前すぎることなので、その感覚をあえて言葉で伝えるとなると、かえって限りなく難しくなる。

**内田**　対話の概念をもうちょっと吟味しないといけないんじゃないですか。「何でも話し合える明るい家庭」という標語があるじゃないですか。これは間違っていると僕は思うんですよ。家の中で絶対口にしちゃいけない話題ってあるじゃないですか。僕は政治と宗教とセックスの話は、家庭ではしちゃいけないと思うんですよ。だって、そうでしょ。家族のメンバーだって意見が違うことがある。でも例えば子どもがマルクス主義者になりましたっていう時に父親が天皇主義者だったら、話し合いにも何にもなりませんよね。どう話し合ったって、テーブルをはさんで対話している限り、合意形成なんかできるはずないんだから。

家庭以外の場での経験で、例えば、その子が革命闘争に参加してぼろぼろに傷つくとか、そういう家庭の外での経験の蓄積がない限り、政治的意見なんか変わらないですよ。家族同士が「対話する」だけでは絶対に理解に至るはずがないことってありますよ。そういうことに関しては、家の中で対話して合意を目指すのは時間の無駄だと思うんです。家庭内で、政治的意見の当否なんか検証できるはずないんだから。

ましてて、セックスの話なんて、家族が成立した根幹に関わる問題じゃないですか。親だって、実はどうしてこの人とセックスして子どもなんか作っちゃったのか、よくわかってないわけでしょ。よくわかってないことについては沈黙するというのは、大切なことですよ。家族が家族である理由なんて、家族の誰かが説明できたり、反証できたりする種類のものじゃない。政治も、宗教も、セックスも、そういう根源的な話題は家の中では「うーむ、なかなか難しいもんだねえ」くらいでさらっとスルーしとく方がいいですよ。

家族での対話の基本というのは、「お腹減ってる？　ご飯あるよ」とか、「お風呂入る？　沸いてるよ」とか、「眠い？　お布団干しておいたよ」とか、そういう生理的な快の提供と不快の除去というところにあると思うんです。それがクリアーできたら、家庭としてはもう上等ですよ。それなしでは人間が生きてゆけない最低限の欲求があって、それを家族のメンバーが提供する。その対応関係がきちんとしていれば家族は基本的にはオッケーなんです。そういうことがきちんとできてから、もっと複雑な家族関係に進めばいい。

自民党員の父親と共産党員の息子がにこやかに政治の話をしているような「成熟」した家族なんか、日本のどこにも存在しないんだから。落ち着いて考えたら、そんなこと、わかりそうなものだけどなあ。自分の家がどの程度のキャパシティーがある共同体なのか、少し頭を冷やして考えた方がいいですよ。家族間で価値観を一致させようというような、できるはずのないことをしようとするから家族が綻びるんじゃないですか。

## 「節度」と「察する」こと

**名越**　いまの家族っていうのは、そういうふうに、相手の身体から発せられるいろんな信号を読み取りつつも、ある距離とか節度を保った場ではなくなっている。そういうものからほど遠くて、感情を全部相手にぶつけ合ってしまっている家か、お互いが完全に冷ややかに、個人の領域だけを守り合って接触しないようにしている家か、どちらかになってしまってます。たまたま接触があると、そこですごい軋轢《あつれき》が起こって、一気に極限に達しちゃってそのまま爆裂っていうような家が、非常に多いんじゃないかな。

**内田**　日本の家庭に欠落してるのは、その節度ですよね。家庭の中っていうのは、とにかく非常に狭い空間のところに複数の人間が鼻づら突き合わせて住んでいるわけだから、外の社会以上に節度が要求される場所なんだけれども、誰もそのこと言わないでしょう。

**名越**　言わないです。

**内田** 家庭というのは、節度がないともたない場所なんです。家族がエゴを剝き出しにしたら、あんな狭いところじゃ息苦しくって生きていけない。

**名越** お互いが小さく丸まって、相手の居場所を実は背中で気にし合いながら暮らしてますもんね。

**内田** ヨーロッパの家だったら、部屋には二種類あって、「シャンブル」(chambre)と「サル」(salle)では定義が違うんです。「シャンブル」というのはプライベートな部屋で、「サル」というのは公共の部屋。「シャンブル」は私室だから、そこにいる時はダラダラとパンツ一丁でもいいんだけれども、廊下に出る時は、ちゃんとした格好をしなきゃいけない。浴室だって、「サル・ド・バン」salle de bain だから公共空間なんです。だからそこに行く時は表の通りに出るのと同じ気構えじゃないといけない。そういう区分けをしているわけです。

でも日本はそれほどシンプルじゃなくて、もう少しデリケートで複雑な作りになってますよね。例えば、客間と茶の間と玄関と台所とでは、親密度の温度差が微妙に違う。それぞれの場で要求されるふるまい方も違ってくる。客間の襖を開ける時と、茶の間の襖を開ける時では、開け方が微妙に違う。それぐらいデリケートなんだから、作法をわきまえることがとにかく大切だったわけです。でも、戦後のどこかの段階で、家族同士の関係は、まるごとすべてさらけ出し合うのが一番良い関係だということになってしまった。

僕は家にいることが多いものですから、昼メロってよく観るんです。でも、昼メロでは「節度のある人」って出てこないの、一人も（笑）。

**名越**　やたら怒ってるか泣いてますよね。

**内田**　ほんとに、怒るか泣くかですね。笑いも少ない。当然ですよね。だって、求めているものが完璧なコミュニケーションで、自分の家族も全員が十全に理解し合うという、ありえない達成目標を掲げて、家族をやってるわけですから。

**名越**　ある種、揺り戻しが起こってるような感じがしますよね。酒鬼薔薇事件以降、コミュニケーションの少ない、お互いがぶつかり合わないような家はダメなんだと。

僕が小学生の頃、道徳なんかで言われた標語で一番覚えているのは、「利己主義と個人主義は違う」というやつです。利己主義は悪いけども、個人主義はいいんだ、個人の色んなやりたいことを十全にやればいいんだと。でもね、そのところで公共性とか、あるいは他の人と一緒に生きていく時のコミュニケーションというものは、全然問われなかったんですね。今までの封建的な環境はいけないから個人主義で行こう、ただし利己主義になってはいけないから他人の迷惑にはならないようにしよう。でも、その迷惑についてはものすごく稚拙で具体的な部分だけを言われて、もっと微妙なメンタリティーのことについては無視されてきたと思うんですよ。

**内田**　昔の主従関係で大切なのって、「察する」ということですよね。織田信長の草履《ぞうり》を木下藤吉郎が懐で暖めた、というような。それって、寒い時に暖かい草履を履いたら気持ちがいいだろうっていう、気づかう相手に生理的な快楽を提供するっていう、一番わかりやすいレベルのコミュニケーションでしょ。一番わかりやすいレベルでは、言語なんか要らない。まず相手の感覚を「察する」。そういうフィジカルなレベルで、相手の求めているものを、言葉で言われる前に察知するということが、昔の主従関係では大きかったと思うんです。いちいち命令して、「何々してください」と言われて「はい、わかりました」じゃなくて、「おい」って言うと、「はい」(笑)。「おい」と言うと「はい」とお茶が出てくるというのは封建的な人間関係のもっとも醜悪な戯画としてよく語られますけれども、実際には「おい」と言わないうちに、スーッとお茶が出てくるっていうのは、自分が気づかいしている人から発せられるシグナルに対する受信感度がすごく高くなければできないことでしょう。

**名越**　そこに感度の良さが表現されているのに、それが全部、上下感覚に焼き直されるでしょう。「これは主従である」とか。

**内田**　そうですね。「主従」というと、いやがる人が多いけど、相手を自分よりも上に置くというのは、自分よりも大切な、自分よりもよりこまやかな配慮を必要としている人というふうに関係を非対称的に設定しているということですから。他者からのメッセージというのはそういう非対称的関係じゃないと届かないんですよ。

うちの子が小さい頃、夜中に急に熱出したことがあって、そのとき、ほんとにかすかな声で「お父さん」てつぶやいた。数メートル離れた部屋で寝てても、がばっと起き上がって、ワーッと走って行って、「だ、大丈夫？」（笑）。聞こえるはずないんですよ。でも、自分がケアしなけりゃいけない子どもがいれば、間にドアが二枚に廊下があっても、「ウッ」てうめいた一言でこっちは飛び起きるわけですよ。

僕らよりはるか前の世代って、豊臣秀吉じゃないけど、そういうコミュニケーションの受信感度の高い人は出世するっていうかたちで受信能力の開発プロセスが担保されていたということがあったんじゃないかな。

**名越**　その受信、送信というものの繊細さは、いつもいつも無視されてきたという感じがしてます。僕らの時期はすごく個人主義、個人主義って言われて、人に迷惑掛からない限り、勝手をやっていいという時期。それはそれで良かったんだけど、そこからどんどんまがい物が出てきて、今度は〝個人の確立〟というような、もっともらしいお題目を背景にかかげて「お互い感情をぶつけ合った方がいいんだ」っていうふうになってしまった気がします。でもその両方が、何ら新しいものを生み出してない。

**内田**　最初のボタンの掛け違いのところまで戻って、ボタンを掛け直さないといけないと思うんですけどね。

## 「期待しない」ことの大切さ

**内田**　コミュニケーションに関して一番大事なのは、コミュニケーションの可能性に関して「期待しない」ことだと思うんです。コミュニケーションができる範囲を限定していって、その中でのパフォーマンスを高めてゆく。それをだんだんと複雑なものにしてゆく。僕はよく「修業」って言うんですけど。コミュニケーションって、決意さえすれば、もう翌日からすらすらうまくゆくって思っている人、けっこう多いでしょう。ほんとうは気長な修業が要るっていうことが忘れられているんじゃないかな。

**名越**　はい、はい、わかります。

**内田**　結婚生活を成功させる秘訣もこれに尽きます（笑）。女の子ってよく、別れのセリフで「結局、あなたは私のこと、何もわかってなかったのよ」って言いますよね。でも、あれを別れの言葉で言うのは本末転倒なんですよ。そこが出発点じゃないですか。気持ちが通じない人間とでも、僕たちは触れたり言葉を交わしたり抱きしめたりすることができる。「この人と私は抱き合っているけれど、なんだか気持ちが通じない」ってまとめるんじゃなくて、「この人とはなんだか気持ちが通じないけど、抱き合っていると暖かい」って考えた方がいいじゃないですか。「が、しかし」の前後が逆なんですよ。離婚した人間が言うと、あんまり説得力ないな（笑）。でも、コミュニケーションには訓練と技術が必要なのは確かでしょう。失敗しながら、仮説と検証を繰り返して。手間暇かけなくちゃいけない。

**名越**　いまの若い人たち、焦りますからね。診療に来る子たちでも、少し安定してくると「もう働けるんじゃないか」とか、「もう学校へ行ってこれだけのカリキュラムを組めるんじゃないか」っていうふうに思ったりします。

ところが、親を見るともっと焦ってるんですよね。いろんな分野で時間の感覚がおかしくなっている気がします。「流れを読む」という時間に関する感性が失せてしまって、瞬間的に湯沸かし器みたいに物事がなるように思っているのは、若い人たちの特徴だと思ってたんです。その頃はまだ僕も幸せだったんですけど、親御さんはもっとすごいということがわかった時、暗澹たる気持ちになったことを覚えていますね。

**内田**　精神の病というのは、端的にコミュニケーション不調のことでしょう？　コミュニケーションっていうのは、「あっ、こうやってやればいいんですね。わかった。じゃあもう明日からばっちりです」っていうわけにはゆきませんよ。地道な努力を重ねて、一歩一歩踏みしめていって、やっと身につくもんですからね。侮っちゃだめですよ。

**名越**　若い人たちのそういう対話を聞いてると、もうほんとに対話が成り立っていないというか、泡のような話をしているわけです。

でも一方でね、大人がどんな話をしてるだろうっていうと……。

**内田**　大人もひどい。僕、仕事の性質上あまり世間のオジサンと話す機会ないんですけど。たまにすると愕然とします。学生の方がまだましかも。

**名越**　飲み屋さんなんかでね、聞くわけです。オジサンたちの話って、その時ぐらいしか聞けないから一生懸命聞くんですよ。「わっ、これはすごい」っていう感じですよ。ほんとに脈絡も何もない。

**内田**　何もないですよね。

**名越**　僕、これで何で通じてるんだろうって、自分が怖くなりますよね。「俺って、時代に付いて行ってないのかな」っていうぐらいすごいですよね。まだ若い子との方が話はするからいくらかわかるんですけど。

先ほど先生は「期待してはいけない」と言われましたけど、僕はまさに期待できない状況で診療所を始めたわけです。子ども診ると、「うわーっ、これは大変だ」と思うでしょう。でも親御さんを診たらその三倍くらいで、「ウォーッ」とか思いますよ（笑）。もう「日本は沈没してるわい」ぐらいの感じです。

ところが長い間付き合っていくと、「あれ、ここまで伸びたか、おぬし」「今回はわしの負けじゃ」とかっていう子が、ポコッ、ポコッと出てくるわけですよ。で、大概そういう子はね、何か大人との間の第三種接近遭遇みたいなのがあるんです。たった一人だけでもそういう感性のある大人と出会ってる時に、相性がいいとそれだけでグイグイ伸びるんですよ。

よく聞いてみると、例えば中学校の頃のクラブの先生と久しぶりに会って、一日付き合ってもらったとかいう経験があるわけです。そうすると、もう先生と生徒というわだかまりがないからすごい話ができたと。何かひとつの出会いがあったり、たまには僕との出会いもちょっとは役に立っているのかもしれないけど、普段の生活の中でたった一つフックになるような大人との出会いがあれば変わるわけです。意外にこれはいけるぞ、という気になる。ただ逆に言うと、「そんな出会いさえめったにない日本ってどうなってるの?」っていう思いも僕の中にあります。

**内田**　子どもって、年長者でかつ社会的にある程度承認されてる人から承認されるっていう形でしか自己掌握できないから。大人による承認が不可欠なんですよ、子どもには。自分が尊敬してる人からきちんと評価されると、すごく大きな自信になる。

**名越**　そうですね。何かいろんなハウツー本なんかで学んだお父さんとかお母さんとか先生が、「お前もやればできるんだが」とか言うけど、それは違う。それはあなたの視野の中に入ってくるおきまりの規格でしか、あなたが子どもを評価できてないっていうことを言ってるだけでしょ。

**内田**　「やればできる」って死語にしたいね（笑）。子どもに対して使ってはいけない言葉ってあるけど、その一つがこれ。逆でしょ。「あ、できたね」「え、何が？」でしょう、正しい順序は。

**名越**　「あっ、この子表情が変わった」と思った時、色々聞いてみると、明らかに「ああ、そうか、そういうことがあったんだ」という場面があるんですよね。そこで出会った大人もその瞬間に何かを彼らの中にふと発見したんだな、という場面が。「あれ、お前そんなことできるん？」とかね。あるいは「へぇー、そういうこと考えてるんや」っていうふうに。向こうからもある驚きや喜びの表現があるんですよ。

**内田**　大人の側が見せるその驚きが子どもには必要なんです。子どもの喜びっていうのは大人に敬意を払われた、大人に一目置かせた、という経験なんですよ。人は愛のみによって生きるにあらず。愛だけでは駄目。敬意が必要なんです。だけど言わないでしょう。そういうこと。

**名越**　言わないですね。

**内田**　敬意っていうのは、自分が敬意を持った相手からしか、返ってこないから。

**名越**　ああ、わかるなそれは。

**名越** でもどうなんですかね。愛っていうのは敬意なしには成り立たないっていうことも言えるんじゃないですか。というのは、恋愛依存の子に非常に多いんです、愛を実体化してる子が。

愛っていう双方の関係性の中で感じられるものが、ある種……すごく不確かな言い方しかできないんですけど、何かこう、愛は「相手の中にある」と思い込んでしまっている。それが自分に注ぎ込まれてきて、それが溜まって自分は満足するとかね。おでんをいっぱい食べさせてもらう、みたいな感覚で。

**内田** うん。非常によくわかります。そう、「おでん」ですよ（笑）。愛を実体だと思ってる。

**名越** そうなんですね。他の感覚であればそんなことは起こり得ないのに、愛という感覚は特に物象化しやすいんじゃないかと思うんですよ。物象化しちゃうから誤解しやすい。でも本当は双方の中の、相手に対する尊敬というものが交錯したりして、かち合ったりする時に生まれてきて、それが自分の中に相手から愛を貰ったというふうな、誤謬《ごびゅう》する感覚として伝わってくる。

実際に起こっている現象と、自分が感得する感覚とに、すごく差ができるような感覚が愛じゃないかな、みたいな感じなんですが。

**内田**　ほんと、その通りだと思います。与えなければ絶対に受け取れない。ほんとうに欲しいものは自力では手に入らない。他人から与えられるしかないんです。それがほんとうに自分が欲しいものだったということも、相手に与えないとわからない。だから、「愛」を他人に贈った人だけが、「あ、愛って、これなのか」ってわかるんですよ。それがね、なんだろう。タイムラグが出来てるんですよね、「愛ちょうだい」っていうね。

**名越**　そんな感じです。

**内田**　「愛ちょうだい」って言われてもさ、君が先に出さなきゃ。「愛」はギブ・アンド・テイクでしょう。まずギブ。次にテイク。まず与えるから受け取れる。まず品物を頂いておいてから、後で気に入ったら代金払ってもいいけど、気に入らなかったら返品、というのじゃ虫がよ過ぎますよ（笑）。

**名越**　テイクするだけの人って、テイクした瞬間、何かそれに近いようなものを感じるけど、結局は引っ摑もうとするだけだから、どんどん腐ってきてしまう。もっと大きな誤謬に陥って行くような気がしてしょうがないです、恋愛依存の人を見ていると。

**内田**　どういうものなんですか、恋愛依存っていうのは。

**名越**　簡単に言うと、好きになった相手と閉塞状況に陥ってしまって、もうその後相手なしではいられない。目の前にいないと不安でしょうがないからメールとかいっぱい送りつけて、しまいには憎しみに変わっていって、お互いを縛り付けてしまう。結果、短期間で恋愛が破綻してしまう。あるいは破綻しない場合は、支配関係のドロドロの中に入って行って、お互いを傷つけながら傷を舐め合って、その傷の味で自己確認しつつ生きるというような感じです。

**内田**　うう、すごい……。それが今は多いんですか。

**名越**　結構あります。長くどっぷり浸っている人もいますが、多くは長続きしないようです。半年か一年、短かったら一ヶ月。でもそういったパターンを繰り返してしまう人もけっこういますね。

**内田**　学生の話を聞いてると、二極分化してるみたいです。つまり、ずっと恋愛をしていて、彼氏がいない時がないっていう子と、実年齢と「彼氏いない歴」が同じであるという子と、はっきり二分されている。前者は「恋愛強者」なわけです。この子たちはもういくらでも相手がいる。相手がとっかえひっかえ出てくる。でも、この「恋愛強者」たちもけっこうバイオレントなんですよ。普通の上品な可愛い女の子が殴り合いの喧嘩をしたりする。この間、梅田でデートした時に、自分が悪かったんだけども、相手がうるさく説教してたもんで、逆ギレしちゃって、ハイヒール脱いで相手の頭殴ったとか。ハイヒールで頭殴るかなあ。

**名越**　いや、すごいですよ。

**内田**　聞いたらけっこうみんな、「手がすぐ出ます」って言うの。男の子も手を出すけど、女も殴ったり蹴ったりね、そこら辺にあるものを投げたりとか。

**名越**　「てめえよー」とか言って。

**内田**　なんか日常茶飯事。「それって、どこか問題でも？」って逆に聞かれるから、「僕の若い頃には、口論して女の子が男の頭を靴で殴るってのは、あんまり聞いたことないけど……」って言ったら、不思議な顔されました。それがある種の親しさの表現だと思っているらしい。「含羞《がんしゆう》」とか「遠慮」とかって、もう死語なのかな。

**名越**　恋愛もまあ、僕らから見るとかなり病的ですよね。ある種の渇望ばかりがある。渇きばかりがあって満たされないということを両方が思っていて、それをお互いがぶつけ合うと一気にワイルドになる。そういう人は実は普段自分が狂うかと思うくらい我慢してるんです、自覚的には。「我慢して、我慢して叩くんだからいいじゃない」って思うくらいに。

**内田**　相手がわがままなことを言っても、それに対して自分が気づかいしてあげるっていうのは、本来けっこう楽しいことなんだけど。「なんとかじゃなきゃ、や」とか言われて「しょうがない奴だな」みたいな……。そういうの、あまり楽しくないのかなあ。

**名越**　ひたすら我慢なんですよ。だから、「週に一回そうやって殴り合いの喧嘩をしても、六日間は私は我慢してるんです」って堂々としているんですよ。「何のために恋愛してるの」って聞くと、さすがにポロッと涙を流して「何のためなんでしょう」とは言いますけどね。

**内田**　周りがそんなのばかりだと、ちゃんとしたエロス的な関係って見たことないんでしょうね。たしかにロールモデルにするようなカップルがいないもの。気の毒ですね。

# 第3章　二極化する文化資本



## 「利口組」「バカ組」の二極化

**名越**　僕、この頃よく思っていることがあるんです。これは予測ですから外れか当たりかはいずれわかると思うんですけれども、家庭の中の節度なくぶつかりあう悲惨さみたいなものは、徐々にこの一、二年で二極化してるんじゃないかという気がするんです。

やっぱり賢い親御さんもいて、「あっ、これはまずい」と気づいたら、「もうちょっと色々バランス取って教育してみよう」とか考えている。自分の奥さんがちょっと感覚的に子供と合ってないなと思ったら適宜お父さんの方がアドバイスしたり、逆に父親がちょっと疎《うと》いなと思ったら母親の方が少しずつ父親を子供に近づけるように仕向けたり。感性の豊かな知的な家族っていうのも少数だけど出現していて、そういう人たちに対しては選択の自由もどんどん出てきたし、学校も選べるようになってきた。
昔みたいに偏差値教育一辺倒でもないんです。例えば二人子どもがいても、一人は非常に感覚的に打たれ弱い子なのであんまり競争させる塾には入れず、もう一人はわりと燃えるタイプでガーッと競争させた方が面白そうだからこっちにしとく、とかね。
でも一方では、まったくそういうふうな予備知識がない家族もいる。どういうふうに子供を教育したらいいかってことがお手上げ状態でわからない。とにかく人に情報を聞いては、それをやってみる。でもそれを包括的に捉えることができない。つまり感覚的に開いていないから、自分のやったことの結果をちゃんと感得し、理解することができない。何かとてつもない二極化が起きていて、それは今よりももっとすすむような気がする。

**内田**　しますね。

**名越**　経済的な意味での「勝ち組」「負け組」はよく言われますけど、本当に深刻なのは知的な二極化……。

**内田**　そうです。「勝ち組」「負け組」じゃなくて、「利口組」「バカ組」の二極分化。文字通り「バカの壁」っていうか。「利口組」「バカ組」の間に乗り越えられない万里の長城みたいにして「文化資本の差」がはっきり出てきてます。

佐藤学先生の話だと、東大の学生の間でもずいぶん差が出てきたらしいです。すごく勉強して入って来るから、みんな成績はいいんだけども、入ってきた段階ですでに文化資本の差が歴然としている。三、四年になってゼミまで来ると、そこでの話題について来られない学生がはっきり脱落してゆく。一方には、音楽も聴いたことないし、美術作品も観たことないし、海外旅行も行ったことないし、家に芸術家や学者が出入りするという経験もないっていう子たちがいて、他方には、「芸大と両方受かったんですけども、ピアノがいまいちだったんで文Ｉに来ました」みたいな子どもたちがいる。その文化資本の差っていうのは、二十歳過ぎると、もうちょっと埋まらないみたいです。

**名越**　例えば東大とか京大とかに入る子と、それよりも偏差値の低い大学に入る子で、親の収入が違うということはよく言われるじゃないですか。

**内田**　東大の苅谷剛彦さんがデータ出してましたね。

**名越**　でもそれはある意味二次的な問題であって、本当の問題はまさにいま先生が言われた、家庭内の文化資本の格差です。偏差値で言ったらその子たちの差は例えば八十と六十で二十くらいだとしても、家庭内の文化資本の差っていうのはもっと違う。百と一ぐらい違っているのかも知れない。

**内田**　そうですね。一握りの非常に文化資本の豊かな階層と、残り八割から九割ぐらいのマジョリティーの差はどんどん開いていくばかりでしょうね。マジョリティーの方は、周りの一番低いレベルに合わせて「なんだ、こんなもんか」と思って安心しちゃうから、歯止めなく下がっていく。

**名越**　そうなんですよ。今はインターネットに繋げるから、どんな離れ小島にいても情報は得られる。情報は得られるけど、ほんとうの文化的なまとまりとか、あるいは物の見方の感性とか、先生がさっき言われたような文化的な環境に浸るといった部分はそうはいきません。その部分ではたぶん、偏差値で二十とか収入で三倍とかって差じゃなくて、ケタ違いになってきてるんじゃないかと。

**内田**　そうですね。

**名越**　ああ、それはやっぱり、僕のその臨床的観察と……。

**内田**　たぶん同じですね。歴然と感じます、二極化。うちの大学はもともとかなり均質性の高い集団だったんですけども、この二、三年で変わりましたね。均質性が失われている。非常に感覚のいいわずかな学生と、相互参照しながら自分の立ち位置をどんどん低めてゆくマジョリティーの間のクレバスが、ありありと出来ましたね。

**名越**　これはほんとに由々しき問題で、見えにくいがゆえになかなか表に出てこない。これはまさに子育ての問題とか、子どもとのコミュニケーションの問題とか、表情の数の多さとか、そういうものと通底してる問題ですが、数値としてデジタル化できないから、なかなか取り上げられない……。

**内田**　この二極化はあらゆる領域で進行してると思うんです。日本人って、もともとすごく均質性の高い集団でしょう。だけど今では、均質性が保たれているのは低い階層だけで、上層はそこからスーッと抜け出している。上の方の、ほんの一握りの人たちが世界的な水準の文化資源や情報を享受していて、残された九十五%ぐらいは、「日本はみんな中流だよね」ってのんきに信じながらどんどん下層化してる。今どきのバカな大学生って、もう昔のバカ学生の比じゃなくバカですからねえ。

## 知性とは情緒である

**名越**　実はね、この十五年間で感じていることがあるんです。こんなこと言ったら僕、仕事できないようになるかも知れないけど……。

診療をしていて、この頃、僕がやってることは「カウンセリングになってるのかな」と感じることがあるんです。誤解されては困るのですが……。クライエントとセラピストとの間の限定された範囲でも、共有できる言葉や文脈の場が生まれて、そこから理解や感情移入が成立してゆくわけです。それがたとえば十年前に比べて何倍も成立しにくくなっているという実感がある。つまり平たく言うと、言葉そのものが通じなくなってきているということです。だから限られた部分であっても相手とせめて単語単位でも疎通を図ろうとするいわば局地作戦を必然的にとらざるをえなくなる。とてもその人のライフスタイル全体を見渡すような広い地平に立つことができないわけです。

言葉は悪いですが、下手に根治を目指して深い話をしようとすると、どんな風に理解されるか予測がつかないので、危険なんですね。だから安全策をとって姑息的にやろうとせざるを得なくなるわけです。こういうケースはまた、圧倒的に親御さんの方に多いんですね。子どもの場合は、これからまだ学んでいける可能性もあると思うけど、親御さんの場合はもう自分が絶対的と信じているから「わっ、これは通じ合うのは絶望的」というケースが、はっきり言ってかなり多くなってきています。

つまり、「言葉が通じる人と言葉が通じない人」ということですね。で、言葉が通じない人には何が通じるのかというと、記号だけなんですよね。「赤ですよ。止まれですよ」「黄色ですよ。注意ですよ」。でも注意がわかればまだ上等な部類です。

**内田**　なんだかすさまじい状況になってますね。

**名越**　ええ、厳しいです。

**内田**　名越先生は中学生と高校生ぐらいの子どもをご覧になっていて、僕が見ているのは大学生ですから、先生の方が感知している変化は早いですよ、僕よりも。

**名越**　もう一つ思うのは、「知的」って僕さっき申し上げましたけれども、これは知識の量ではないんですよね。僕は教育者ではないから、カウンセリングの時には基本的に「こういう時はこうしようよ」っていうような、生活レベルの話をまずするわけです。それならどこで知的格差を感じるかというと「情緒」、感情の使い方ですよね。

**内田**　知性というのは情緒に出るんですね。

**名越**　全くその通りです。これはやっぱり僕ね、西洋人には、そこら辺をもう少しちゃんと考えて日本人に教えてほしかったというのがあるんです（笑）。

**内田**　西洋人に言ってもしょうがないと思うけどなあ。

**名越**　昔の方がもうちょっと、「情緒をうまく使いこなせる人が知識人である」という概念が、日本に共通理解としてあったんじゃないか。そういう意味で言ってるんですけど。

**内田**　僕も一番感じているのはそこです。何で知識人という人たちはこんなに情緒の豊かさっていうことに関して無関心なんだろうと。どう考えてみても、知性というのは情緒の豊かさだろうと僕は思っていたんですよ。物事に対してびっくりしたり、感動したり、不思議に思ったりという能力ね。

**名越**　だって、情緒が自分の内側から湧き起こってくることを感じとれないと、それを深く論じることもできないわけでしょう。

**内田**　何て言うかな、自分自身のフレームを越えるものに対して迫っていく時って、頼りになるのは、「あっ、これは間違いない」とか「これはダメ」とかいう直感だけじゃないですか。だって「何でダメなの」って言われても、自前の知的なフレームを越えるものについて「ダメ」って直感で判断してるわけですから、理由なんか言えるわけないんです。

**名越**　そうですね。

**内田**　僕はユダヤ人哲学者のレヴィナスの研究と合気道という、全然関係なさそうなことを三十年間やってきたんですけど、何でレヴィナスと合気道を一緒にやってるんだって聞かれても、答えられない。夕方六時までレヴィナスを読んでて、六時になると「さあ合気道の稽古だ」って道場に出かける。「何でお前は、ずっとレヴィナスをやらないんだ」と言われても、できないわけですよ。どうしても六時になったら合気道がしたくて身体がいうことをきかない。レヴィナスも大事だけど、合気道も大事。「内田はそんなに健康が大切なのか」と言われたこともありましたけれど、僕は健康のためにやってるわけじゃない。でも、その二つのことの内在的な関連が言葉にできるまで、三十年かかりました。レヴィナスの言ってることと僕の師匠の多田宏先生（九段・合気会師範）が「同じこと」を言ってるんだって気がつくまでに。若い時はそれを言葉にできなかった。だから、身体性のレベルでしか判断できないわけですよ。まだ、自分の中で起きていることを語るだけの言葉を知らないんだから。でも、感覚的には「これしかない」ってわかる。

**名越**　情緒を上手く使えないと、知ってるものを自分の中でただ反芻するだけになってしまう。

**内田**　そうですよね。既知のものを、別の既知なものに同定していくっていうだけですからね。

「オバサンの真実」、明かします！

**名越**　これ、僕の勝手な感覚なんですけど、実感があった感覚なんでちょっと話しちゃおうかな……。思春期の子どもさんを持ってるお母さんは、三十代、四十代、場合によっては五十代くらいでしょう。中には、話し合っていてもまったく通じないなっていう人がいます。これもまた言ったら、僕、仕事ができなくなるかも知れないけど……。

**内田**　そんな話ばかりですね（笑）。

**名越**　よくね、オバサンって揶揄《やゆ》される人たちがいるじゃないですか。例えば電車の席に、ギュッギュッてお尻をこうやって割って入るとか、平気で公共の場で大きな声で話をするとか。今でも僕、映画を観に行って一番嫌なのは、マナーの悪いオバサンたちが、映画の最中にバリバリ物を食べたり、ボソボソと話をしてることなんです。昼間だとゆったり座れるんだけど、そういう人たちがすごく多い。で、夜五時以降に来る学生さんとかサラリーマン、あるいはOLさんは、みんなマナーいいんです。

これはどういうことかとずっと考えてて、ある時「あっ」と思ったんですよ。よくね、悪い言葉で「あの人は女として上がっちゃってるからオバチャンになった」みたいなことを言うじゃないですか。でもそれは違うぞ、と。彼女たちの話をよく聞いていて、彼女たちの情緒の使い方を見ていると、まるで思春期を迎えていない少女と一緒なんですよ。小学校の五、六年生からせいぜい中二ぐらいまで。その頃の女の子というとキャアキャア言って、女の子同士で牽制したり、見栄を張り合ったり、その中でいろいろ嫉妬したり……。でも感情の使い方が非常に粗雑で、何にでも同じ反応をする。つまり、前に言ったように「むかつく」と「かわいい」しか言えない。その時から情緒が止まってしまったまま、恋愛のようなものをし、結婚をし、子どもを産んで、そして一人前の大人になったと勘違いしてる人たちが、「オバサン」って言われる人たちじゃないかなと思ったんです。

**内田**　これは怖い話だな。

**名越**　ヤバイなこれ。でも、そうして見ると、許せるようになるんですよ。

**内田**　なるほど。

**名越**　中学校一年生で止まってしまったんだと。それこそさっきの話じゃないけども、自分から無理やり選んで止めたり、周りの環境が彼女をこうしたのかも知れないと思うと、それまで「ああ、もう鼓膜が三枚ぐらい連続で破れそう」っていうような話だったのが、なんとなく聞けるようになるんです、相手に対する認識が変わると。

だからね、オバサンっていうのは実は……。

**内田**　子供なんだ。

**名越**　うん。実は前思春期で……思春期にもいってない前思春期で、止まってしまった大人。

**内田**　いや、この「名越理論」は素晴らしいですね。

**名越**　成長してたらもっとお色気がある……お色気って言ったらおかしいな、ある成熟したエロティシズムがあっておかしくないでしょう。あの人たちにもエロティシズムはあるだろうけど、なんていうか、あまりにも幼いエロティシズムだから我われには見え難《にく》い。……っていうような感じで見ると、前よりずっと理解しやすくなった。

## 思春期よりも大事な前思春期

**内田**　前思春期っていうのは、言われてみたらその通りですね。歳で騙されちゃダメなんだ。どこかで止まってるんだ。

**名越**　その前思春期ってすごく大事な時期で、人間全体で見てもそこは結構溜まり場になってるんじゃないかと思います。まあ他のところでも溜まってるんだろうけど、そこは特に……。

**内田**　溜まりやすい。

**名越**　ような気がします。

**内田**　何歳ぐらいですか。十一、二歳？

**名越**　十歳から十一、二歳。つまり本格的に異性と付き合う勇気は全然持てなくて、一時的に同性愛的な感じになって、すごく深い友情を同性同士でむつみ合う時期があるじゃないですか。これ、チャム世代って言うんです。チャムっていうのは子犬同士がじゃれ合うことを言うんですけど。

思春期心理学的な考え方では、この時期を十全に経ないと次のほんとの思春期を迎えられないとも言われてます。だからほんとに大事なのは思春期じゃなくて前思春期じゃないかと考える人もいるぐらいなんです。

**内田**　前思春期には同性愛的になるんですか。

**名越**　その傾向が強まる。一つの発達段階論で言うと、その後の異性との付き合いの予行演習をしている。異性ってわかり難いじゃないですか、お互いに。

**内田**　同性で、比較的わかりやすい他者と出会って、そこで修業の段階を積んでいくと。なるほど、何でも修業になってるんだ。

**名越**　前思春期に深い友情を育むような社会的な踊り場が、多分前はあったんだと思うんですよ。僕が小学校の中学年、高学年の時に、うちの前はアーケードの商店街だったんです。昭和四十年代というのは商店街全盛時代で夜の九時ぐらいまで人通りがあって、そこでみんながたむろしてローラースケートしたり、あるいは友達同士でペチャクチャ喋ったり。僕も学校で夕方五時ぐらいまでずーっと遊んでて、その後も友達と石蹴りしたり、ペチャクチャ喋ったりしてました。

いまでも例えばコンビニの前で男の子同士でたむろして喋っているでしょう。ああいう姿っていうのはすごく日本の中に残っている。まあいい時間で、彼らにとっては夢のような時間なんです。

深く精神的な時期ですから。これは大事なことで、実はこれが、その後の大人として振る舞うスキルとか、人間関係のスキルを鍛えていたのかも知れない。その時の共犯関係みたいな感覚が男同士の友情をより深めて……その延長線上には企業戦士のような、七〇年代ぐらいまで日本を支えてきた人たちの感覚もある。家に席がなくて、会社の中での同志関係が中心という。結局僕、日本というのはそういうもので来たような気がしてます。

**内田**　小津安二郎の映画に出てくるじゃないですか、悪いオジサンたち。笠智衆と北龍二と中村伸郎が。あれなんてほんとに典型的ですよね。前思春期の関係を五十歳まで引きずっているんだから。でも、あの人たちにとっては、あれが社会性の基盤になってるんですよね。最終的に自分の一番情緒的に弱い部分を必ず誰か友だちがサポートしてくれるっていう、最後の防衛線ですよね。

**名越**　社会的にポン友関係になっているし、娘の縁談もそこでやっちゃうし……。

**内田**　そうですね。親子の問題とか、性の問題とか、老いの問題とか、死の問題のような、独りでは支えきれない問題を最終的にカバーしてくれるのは、その前思春期を共有した同性の友達なんです。これ、小津安二郎作品に一貫してますね。

**名越**　先回りして「わかっている」とか、言われたことを先にわかっていたというのは、実はひとつの幻想でしょう。でもそれは起こるんです。僕にも前思春期から知っていて、なぜか同じ精神科医になった友人がいますが、彼とは身体のレベルで、条件反射的に理解し合ってしまう、ということが起こる。

**内田**　そうした関係の一番いいところって、もともと自分の中になかったものがあたかも自分の中にあったかのように、実に気持ちよく入ってくるところですね。これ、自己を富裕化する最高の方法なんですよね。努力しなくていいんだから。むりやり自分を開く必要もない。「そうそう、俺も前からそう思っていたんだ」って言えばいいんだから（笑）。

**名越**　そうなんですよ。僕の中ではちょっと普遍的かなと感じたのはそこですよね。

**内田**　僕も小学校の同級生で四十年付き合っている友人がいますけれど、彼とは喧嘩したことも議論したことも一回もない。最初に出会った、その前思春期の段階で、自分の「同胞」だって決めちゃったから。僕の人格を彼の存在が二重化してるわけですね。それがその後の自分自身をどれぐらい自由にしてくれたか……前思春期というのが大事だっていうのは、よくわかりますね。同性の自分の似姿みたいなものを発見し、その人が経験したことは自分も経験したことにできる。ぜんぜん努力しないで、自分が豊かになるし、なんて言うのかな、自分自身から解放される。でも、こういうことって、あまり教育の場でどうこうできるという問題じゃないですね。

名越　そうなんです。

内田　自然発生的に、子どもの内側から出てくることであって。

名越　だからこそやっぱり……また元に戻るんですけど……場が大事なんですよ。

# 第4章「自分」は一つではない

## 「転向」と「揺らぎ」

内田　日本人は制度が変わると自分もコロッと変わって、恬《てん》として恥じないところがあるでしょう。左翼の転向なんて典型的にそうですけども。僕は自分で日本人らしくないなと思うところがあるんです。それは「転向」しないということなんです。別に節を守ってというんじゃなくて、いくらでもコロコロ転向しちゃうから（笑）。古典的な意味での「転向」って一回だけじゃないですか。僕ね、革命やろうと思ったのが十六の時なんですけども（笑）。で、「あっ、これは無理だ、止めよう」と思ったのが十七の時。で、また「あっ、革命やろうかな」と思ったのが十九の時で、「あっ、これはダメだ」と二十一の時に思った（笑）。

日本の伝統的な転向っていうのは、プチブルのお坊ちゃんが大学生くらいの時に左翼になって、革命運動に関わって、捕まって、獄中転向して、その後に中央省庁に入って権力エリートになったり、天皇主義イデオロギーに鞍替えしたりというやつでしょう。そういうのなら、僕もたくさん知ってる。僕のはそれとは違うんです。あっちに行ったりこっちに行ったり。「やっぱ革命かな」「いや、やっぱ革命はなし」「あ、やっぱり革命かな」みたいな感じで、いつまでもフラフラしている。ふつうの日本人は一気に、一回だけ変わるのに。

**名越**　でも面白いですね。内田先生の書いてるものを読んでいる人にとって、内田樹のイメージというのは、「一貫性のある人」だと思いますけど。

**内田**　全然一貫性ないです。

**名越**　つまりその、「揺らぎ」が一貫性みたいなものですね。

**内田**　揺らいでるんですけど、実はそんなに振幅は大きくないんです。はじめから可動域がかなり広くとってあるので、その中でフラフラ動いていると、そこから出ないで済むんです。

**名越**　そうそう。だから全体として、「原子のなかの電子ってこの辺りに回ってるらしいよ」という感じで、そういう一貫性があるんですよ。

**内田** 日本人のメンタリティーって、可動域が狭くて、それを壊さないと次に進めないというふうなソリッドな作りじゃないですか。で、次に行くと、そこから先に行くためにはまたそれも壊さないといけない。これ、手間がかかりますよね。はじめから可動域を広めに取っておいて、中でフラフラ微調整しながらやっていけば、スキームの「全取っ替え」というのはしなくてすむわけです。その方が結果的には楽だと思うんだけどなあ。でも嫌いなんだな、それが。われわれ日本人は。とにかく『忠臣蔵』と『総長賭博』が好きなんだから。

**名越** 凝縮しておいて、それをぶち壊すところにエクスタシーがあるんでしょう。

**内田** 戦前の共産主義者たちの転向って、「スターリン命」みたいなところから一気に天皇主義にまで行くでしょう。で、転向した後は終生変わらず右翼のまま。あれが僕は不思議でね。じゃあ、要するにスターリンは天皇だったたっていうことでしょう。結局転向してる人って、大きく変わってるようだけども、実は全く変わってないんじゃないかと思うんです。そんなこと言うからかも知れないけど、僕は同世代からはまるで不人気なんです。二十歳ぐらいの時からほんと不人気で、僕が前で喋ると物が飛んでくるんです。

**名越**　それ、感情的にしか反応できないからでしょう、多分。

**内田**　二十歳そこそこで新宿ゴールデン街で酔っ払って、「内田みたいなやつにオレのこの苦しみがわかってたまるか」みたいなこと言って、ゲロ吐く奴がいるわけですよ。こっちとしては「わかんねえよ、そんなガキの寝言は」って言うしかないじゃないですか。

大学の時に「反ウチダグループ」というのがあったんですよ、ほんとに。「内田が嫌い」っていうだけの動機で結束してる十人くらいのグループで、毎週集まって僕の悪口を言って楽しむというのが。「親ウチダグループ」はないのに（笑）。

## 小津映画は「おでん」

**名越**　今のお話聞いてて、すごくよくわかります。「人格論」が僕の一つのライフワークなんですよ。ちょっと前に『キャラッ８』（幻冬舎）という、人格分類本を出したんですが、これは身体の特性から人格を考えてみたかったからなんです。

人格分類の本って、今まで一つとして納得できるものがなかったんですよ。人格自体がまずちゃんと定義されてないっていうこともあるんだけど、まさに「どこをもって人格とするのか」の部分がはっきりしなくて……。例えば世間で言う「内田樹」という一人の人物が、一貫性を持った一つの芯みたいなイメージであるのに対し、実際の本人の言説を丹念にたどっていくと、ある振れ幅を絶えず持っている。どの距離でそれを見た時に一番納得できるのか、あるいはどの距離で見た時に最も生き生きした人格が浮かび上がってくるのか、その判断の部分で従来の人格論はどうもうまくやれていない。それで人間の気質というものを、身体の体質とか感受性の部分から切ってみると、もう少しは納得できるものができないかなと思ったんですよ。それで体癖論を学んでいって、それを心理学とか精神医学のところに落とし込んでいくと、すごく面白かったんです。

　今までは、「この人は怒りっぽい人だ」とか、「この人は短気な人だ」とか、「淡泊な人だ」っていうような、抽象的な言い方で性格というのを語ろうとしてましたよね。本当は「淡泊」って言えるものなんてないんだけど、そういうもので表現しようとしてきた。それを止めて、ある人について、「この人はこんな場面でこういった問題が起こった時、こういう割り切り方をする人です」っていう事実を重ねていってみる。つまり、その人の生活のある典型的な場面を描写し続けてみる。すると、もっとも納得できるその人の人格のイメージが立ち上がってくる距離感があるなと、気づいたんです。
　ある意味で小津映画とシンクロするところもあるような距離感。突飛な事件は全然起こらない。ところが、ある日常性の一場面を切り取る事によって、家族というものがぐっと立ち上がってくる。家族を一つの人格として見るのであれば、それこそが人格の描写としていい切り口になるんじゃないかな、と。

**内田**　なるほど。

**名越**　何か自分なりに見えてきたんですよ。

**内田**　家族を一つの人格として見るっていう説、初めて聞きました。小津安二郎の『秋日和』で、例えば佐分利信が家に帰ってきて、奥さんの田中絹代と喋っている。シーンが切り換わると中村伸郎が帰ってきて、奥さんの沢村貞子と喋っている。二つの家庭で似たような登場人物が、同じ出来事について話しているんだけど、話がぜんぜん違っている。そういうところに、それぞれの家庭の人格っていうのか、そういうものが浮かび上がってくるんじゃないかな。

**名越**　ファミリー・プロットというかファミリー・キャラクターというか、そういうものがパッと浮かび上がってくるんですね。一言では表現できないような、すごい奥行きのあるものが。

**内田**　だから小津の登場人物というのは、単独で出てきてもキャラクターって特定できないんですね。その人がある場所に行って、誰かと何かを喋る。その瞬間、その場全体がある磁力を帯びるんです。

**名越**　そうなんですよ。

**内田**　パーソナルなものじゃないんですね。個人じゃなくて、チームみたいなものがあって。そのチームのメンバーが入れ替わるんだけど、入れ替わるとまたそこに違う場が出来る。組み合わせによって複数の人格が出来る。だから、そのうちに、人間の数より人格の数の方が多くなる。

**名越**　まさにそうなんです。一つの串があって、そこにはちくわと玉子とガンモが繋がっている。で、こっちにはスジとちくわと練りものがある。もちろんそれぞれ違うけど、一つの串にするとまた別の雰囲気があって、あの三つとこの三つを比べたらこっちが食べたい。こっちの串が自分を呼んでる、みたいなね。そういう距離感で人格を描くと、ものすごい豊かな描き方ができる。納得できる描き方ができるっていう感じなんです。小津映画の世界と、僕が学んだ体癖論がなぜかすごく響き合うんです。

内田　そこですね、小津映画が面白いのは。複数の人格が合成した「おでんの串」みたいなユニットにキャラクターがあるところですよね。やっぱり、一番素敵なのは、ユニットのキャラクターの数がユニットを構成するファクターの数よりも多い、ということなんですよ。「オレはどこまで行ってもオレだ」じゃなくて、「オレはここではAであり、あそこではBであり、あっちの方だとCである……」というあり方の方が、ずっと自由で、ずっと豊かだと思うんです。人間の不幸って、最終的には「自分が自分でしかない」っていうことでしょう。

## 「トラウマ」と言うなかれ

内田　今同じ脚本使って作れと言っても、小津安二郎みたいな映画はもう誰にも作れないと思うんです。それは「自分探し」とか「自己実現」とかいう言葉が支配的になったことと関係があるんじゃないかな。「自分はどこに行っても自分だ」、「メンバーの組み合わせが変わっても私は私だ」というような、首尾一貫していていいように聞こえるかも知れないけれども、そんなのまるで味気ないですよ。塩をシチューに入れるのとお汁粉に入れるのとでは、塩の果たす役割が違ってきて当たり前なのに、「自分探し」とか

「自己実現」とか「オリジナリティー神話」とかが、そういう自明のことを忘れさせてしまったんじゃないかな。

**名越**　そう思いますね。表情や感情が、一見コロコロ変わる場合でも、退屈でパターン的ですから。この距離になると必ずこういう反応が起こるというように。阿吽《あうん》の呼吸というものができないと、相手に「ノー」で対応された時、「あいつはコロコロ変わる」なんて言いがちです。違うんですよ。相手はこちらの微妙な変化を感じ取っているのかも知れない。ところが、呼吸を読めない人はあるパターンにしか反応できないからそれがわからない。言ってみれば、〇点、五十点、百点という基準しかないんですね。

本当は自分の方が変わってるんですよ、微妙に。相手がより繊細に自分の変化をモニターしていて、たとえば今十三点ぐらいになっている時に、まだ自分ではゼロ地点だと思っているから、その場での生身のいろんな空気を読めなくなっていて、何かに固執し縛られてる。それがある記憶であったり、ある感覚的な体験であったりするんだと思うんですけど。

**内田**　「トラウマ」ですね。この言葉も禁止にしたいなあ、もう。「私、『トラウマ』があるんですよ」なんてうっかり言ったら、すぐ警察が飛んできて「いま『トラウマ』って言っただろう」って逮捕されるの（笑）。

**名越**　すごい警察官ですね（笑）。

**内田**　あれはいけないですよ。「トラウマ」っていう言葉で自分の経験を説明した瞬間に、自分の身にこれから新しく起きるかもしれないすべての出来事をたった一つのチープでシンプルな物語のうちに回収しちゃうんですから。フロイトが言った通り、「トラウマ」なんか実在しないんですから。「物語」を作ることで自分の身に起こったよくわからない出来事を説明する方便なんだから。嘘でもいいから、説明できる方が説明できないよりいくぶんましだから。でも、精神的に混乱してる子って、ときどき目を据えて「本当のことを言いましょうか」って、「わがトラウマ」を語ったりする。どうして、そんなに全部「説明」したがるのか、その理由が僕にはよくわからない。自分のことだって、わかることもあるし、わからないこともある。説明できることも、できないこともある。過去のことなんか忘れちゃった、未来のことはまだわからない。それくらい適当でいいじゃないかと思うんですけど。

**名越**　トラウマ論的見方にとらわれてしまうと、自分の現在のリアルな体験はまるで影絵みたいなものになってしまう。現実の方が全て影絵で、影絵の本体がトラウマという過去の側にある。そこから影絵を映してるという意味付けになってしまう。

**内田**　足の裏が地面に着いて、身動きならない状態を武道では「居着き」って言うんですけど、トラウマというのは「時間的な居着き」のことだと思うんです。ある過去の時点に足が釘付けされていて、いくら先へ時間を進んでも、どこかでまた釘を打ったところまで引き戻されてしまう。だから、「トラウマの人」って、時間が前に進まないんですよね。

**名越**　そうですね。そういうところにはまりこんでしまうとひどいです。

**内田**　一人の人間が人格として成り立っているのは、数え切れないほどのファクターの複合効果なわけでしょう。「実はオレがこんな風になったのはね、六つの時にこんなことがあったからなんだよ」って言う人間の話を聞くと、「嘘つけ」って思うんです。そんなことあるはずないと。お前がそんな風な人間になってるのは、さっき食った海老が不味《まず》かったからじゃないかって（笑）。でも、トラウマ説の人っていうのはそういう複数のファクターの関与を絶対認めないですね。全部単一の原因に還元しちゃう。

**名越**　いまだにそういうことを言ってる人がいるというのは、棚上げにして前に進みたいという感じですね、僕は。

**内田**　カウンセラーっていう人に多いんじゃないですか。僕は現場の精神科医の仕事がどういうものか知りませんけれど、カウンセリングをやる人って、何かトラウマ的な経験を探り当てて、それさえ発見すれば問題は解決するみたいなことを言うでしょう。

**名越**　やっぱり自分の視点が欲しいんでしょうね。僕は、そのアプローチの仕方からは何も産み出し得ないと思いますけど。

**内田**　「そういう話を作った方が治療法として有効だから、その嘘を上手く使いましょう」とフロイトは言ってるはずなのに、どこかの段階でそのことが忘れられてしまった。トラウマ的経験が実在したっていう話になってる。

**名越**　僕が勉強したのはオーストリアの精神科医、アルフレッド・アドラーが創始した心理学なんですが、すごい斬新だったなと思うのは、過去の記憶というのは絶えず作り変えられる可能性があるということが前提になっていることです。特にある状況のもとに語られる記憶というのは、現在を投影しているんだ、という視点をもって分析するんですよね。

**内田**　ラカンも同じことを言ってますね。「人間は過去を前未来形で語る」って。僕たちが過去の物語を語るのは、語り終わったときに、聞き手が自分のことをどう思ってくれるか、僕を愛してくれるか、僕に敬意を抱いてくれるか、僕を承認してくれるか……そういう語りの効果を狙って、自分の過去を物語るわけです。未来における効果を目指して語っていくわけだから、「嘘」とは言いませんけれど、原理的には「お話」なんですよ。過去の無数の記憶の中から、つじつまのあった話の材料になるものだけ選択しているわけだから、「作り話」なんです。誰だってそんなことわかっているはずなんだけど。

**名越**　誰だってわかっていること。

**内田**　フロイトのトラウマ理論を理解しないで、通俗的に解釈されたトラウマ理論を語る人って、ずいぶん害悪を流していると思いますね。こういうややこしい話をむりに単純にして説明してしまう態度って害がありますよね。

**名越**　ありますね。

## 脳と身体

**名越**　それは、脳主体になって、身体を通した体験的なものが少なくなったことが関係しているように思います。

**内田**　そうですね。

**名越**　能率的ですもん、脳主体の方が、一見。

**内田**　脳って、矛盾する命題を同時に含んでおくのが嫌いなんですよ。

**名越**　嫌いですよ。

**内田**　でも体は平気なんですよ。「Aであり、かつAでない。それがどうかしたのかな」って。僕、三十年間レヴィナスと合気道をやってきてわかったことはそれですね。この二つ、何の関係もないと思っていたけど、そんなことない。レヴィナス哲学というのは、「Aであり、かつ非Aである」ということを同時に包含するような知性のフレームを、どうやって確保するかっていうことですから。養老先生が言う「脳の専制」をゆるめていって、シンプルじゃないことも脳の中で何とか我慢できるようにする……。

人間って理解できたことに基づいて生きるんじゃなくて、実は理解できないことを中心に生きているんだと思うんです。「わかった」と思った瞬間に、それは視野から消えて、わかんない問題だけが目の前にあるわけで。わからない問題をいっぱい抱えている人が知的に活発な人なんです。だって、全部わかったら脳はもう機能しないんだから。

人間って、分類不能の情報がグジャグジャとあると、その処理に困って脳の容量を大きくするという形で進化してきたんじゃないかと僕は思ってるんです。だから、解決しない問題をいつも目の前に置いておくと、知性を活性化して、脳の容量が増える。

**名越**　僕なんかももちろん色々悩んだり苦しかったりってことがあるんですが、最後にそれを受け止めてくれるのは身体なんだっていうことが、実感としてあるんですよね。論理的じゃないんですけど、脳は結局のところ、時間というものを受け取れないんじゃないかっていう気がしていて。

**内田**　そうなんです。脳って基本的には無時間モデルなんですよ。

**名越**　悩みや苦しみを最後に受け止めるのは身体しかないんですよ。それこそ「トラウマ」って言う人がいるように、ある瞬間の凄まじい状況が脳にプリントされたら、それはもはや脳の奴隷になっている。

**内田**　そうです。

**名越**　でも、苦しみっていうのは必ず変化していくんですよ。ものすごい変容を遂げていくんです。しかも何か殻を破ったら蝶が出てきて、蝶を破ったら今度はワニが出てきてというようなね、驚くべき変化が身体の中で起こるわけです。

**内田**　いい比喩ですね。蝶を破ったらワニが出てきた（笑）。

**名越**　「我慢強い人間になれ」って、よく言うじゃないですか。いまどきの子どもは我慢を知らないとも言われるけど、それは身体を知らないからだと思うんです。苦しい体験をして、脳の中では現像されて焼き付けられてしまったとしても、身体の中にそれを留めておくと、どんどん変容していくんですよ。

## 身体よりも脳の方が攻撃的

**内田**　これ、よく逆に受け取られているけれども、最終的に人間の攻撃性をドライブしているのは身体じゃなくて脳なんですよ。身体っていうのは、どこかで抑制してるものです。狼同士闘っている時でも、片方の狼が「負けました」って喉をさらしちゃうと、いくら噛もうとしても喉を噛めないっていう、コンラート・ローレンツの説がありますけども、人間の場合も最終的に攻撃性を抑制するのは身体なんだと思うんです。勘違いしてる人多いけど、身体が攻撃性の培地であって、理性がそれを統御しているというのは嘘なんです。

僕はだから、インターネットは批評の場としては全く評価していないんです。あそこは自分のメッセージを発信してゆく場であって、他人のメッセージに関して批評的コメントを加えるということに関しては、まるで役に立ちません。身体が担保している抑制が効かなくなっちゃうから。

これね、米軍の空爆と同じだと思うんですよ。アフガンとかイラクの空爆と同じで、傷つく相手が見えないから。ボタンを押してるだけだから。ミサイルでいくら人が死んでも、殺す側には暴力のリアリティーがない。「終わりました。帰ります」って、普通の仕事みたいにこなせてしまう。ボタン押して爆弾落とすだけなら、人間は何百万人でも殺せますよ。

**名越** でもそれ、恐ろしいですね。M・マクルーハンの『グーテンベルクの銀河系』を読むと、国と国との大戦争が起こって本格的な大量殺戮が起こるようになったのが十七世紀くらい。それは地図というものが作られだして、みんなが地図を持つようになった時期と重なるっていうんです。

**内田** ウェストファリア・システムですね。あれが十七世紀中頃だから。

**名越** その前は、王様が丘の上に立ったら見渡す限りが自分の土地で、いろんな農作物があって、「ああ、すごい」と思えた。ところがそれを地図で見ると、「何だ、うちの王様の土地はこれだけか」とか、「グレートブリテンの中のたったこれだけか」となってしまう。「隣の国の領地はこんなにある」って、どんどんヴァーチャルになっていく。実際に地図を見た時に喚起される攻撃性って、普段の百倍ぐらいに膨らんでいるかもしれない。

**内田**　マッピングというか、「地図を持つこと」って教養の基本みたいなものですけれど、同時に暴力の解発装置でもあるわけですね。多分どんなものでも両面あるんだな。人間の可能性を増やしていくものっていうのは、どこかで自我の異常な拡大感覚をもたらすから。いいことばかりではない、ということなんでしょうね。目で見え、手で触《さわ》れるものに対するマナーと、目にも見えないし手でも触《ふ》れられないものに対するマナーは違うんです。デジタルな記号として対象を扱っている時って、人間は残酷ですよ。

**名越**　残酷ですね。

**内田**　だから僕、基本的にネット上の批判は一切受け付けないですもん。返事もしません。「文句ある奴は家へ来い」と。

**名越**　差しで話そうじゃないかと。

**内田**　差しで話すんだったら負けません。口で負けたら手を上げるから（笑）。十七ぐらいの時に、吉本隆明の『自立の思想的拠点』を読んで、すごく感動したことがあるんです。文言は忘れましたけども、「自分の拳を通して表現できる思想以外を語るな」というような言葉で、強烈なインパクトがあった。

その年頃って、政治的な実践と日常生活がすぐに乖離《かいり》しちゃうじゃないですか。家では「ママ、ごはん」とか言ってるのが、デモに行ったら「死ね、このやろう」とか言ってるわけですよ。で、デモが終わって家に帰ってくると「ああ暑かった。ママ、お風呂沸いてる?」とか。このギャップを僕はしみじみ実感しちゃって、「やっぱ、これはまずいんじゃないか」と思ったんですよ。「ママ、ごはん」って言うやつは、その「ママ、ごはん」のレベルを延長してその政治思想を語るべきだし、「お前、死ね」って言って、自分と政治的立場が違う人間は殺してもいいと思っている人間は、デモから帰って「ママ、ごはん」って言っちゃ、やっぱりいけないんじゃないのかなと。人を殺すなら、その政治責任を生活を賭けて引き受けるべきでしょう。それを匿名の中に紛れ込んだり、逃げ出すのはないんじゃないか。逃げるくらいなら、はじめから殺すなよ。

それから、自分の家に人に来られて、「何で君はこんなところまで来るんだ、公私の別を知らんのか」とか怒るような人ね。そういう人は、そうやって踏み込まれた「私のレベル」で応援できる範囲の中で、等身大の政治的行動を取るしかないと思う。もっと大きな政治的行動がやりたかったら、自分自身の私生活のサイズを自分の政治的な幻想に合わせて大きくしてゆくしかない。すごく迂遠《うえん》な方法ではあるけど。結局、最終的に政治的な説得力って、身体に触れるかどうかにかかっているんです。言葉では人は動かないんです。

**名越**　いや、わかるなそれは。臨床家としての僕の実感でもそう思います。

僕ね、よく考えてみると何年かごとに、診ることができる患者さんの数が減ってきているんです。何でかと言うと、「ああ、これは診てるうちに入らへん」って体感的にわかってくる。それは世間的に言ったら診てることになるかも知れませんよ。でも、自分の中で「この人を診てる」っていう感覚の、許せる範囲が狭まってくる。

そうすると、例えば前は一日に五十人「診てる」って思えていたものが、身体的な感覚が変わってくると、「これは何か違う」という感覚になってくる。頭じゃなくて感覚的にそうなってきてしまってるんです。

現実の要請とのすり合わせをしなければならないということは当然のことながらあるんですが、それとは別の次元で納得できる範囲というのがあるわけです。自分の身体感覚がまだまだ未熟な時期には、その範囲が広い。でも、もっと感覚が深まってくると、範囲は逆に狭まってくるんです。そうするとね、今まで五十人診られたのが三十人になり二十人になる、というように減っていくんです。それでようやく自分が一つのセラピーをしているという実感がなんとか保てていく。そういう傾向が今はあります。

内田　それがわかってくると、だんだんプリンシプルがなくなってくるんですよね。若い頃って「私はこういうルールで生きている」っていうのがあるじゃないですか。それがだんだんなくなってきて、気分しだいでコロコロ変わる。「僕はね、夜は酒飲まない」「飲んでるじゃないですか」「うん、今日は飲むんだ」とかね。どういう基準でそうしてるのかは本人もわかってないんだけど、そういうときの自分の身体反応は信じられる。

でも、少し時間が経ってから回顧すると、後から理屈は付いてくるんです。子供の時はそんなこと無理だったけど。身体感覚を言葉にする術を知らなかったから。

## 六割わかればオッケー！

内田　今の若い人たちも身体感覚はなくはないんです。でも、それを表現する言葉を持っていない。語彙も語法もない。申し訳ないけど、言葉が下手過ぎて。

例えば「腑に落ちる」って言うでしょう。「腑ってどこで、何がどこから落ちるんだ」って訊かれてもこっちもわかんない。よくわかんないけど、腑に落ちて、身体が納得している、ということは現にあるわけです。脳も半分身体だし、身体も半分は脳なんだから。言葉があれば、その言葉が身体を分節して、それまで感知できなかった新しい感覚を感知することができるようになる。だから、脳と身体とどっちが先か、なんて言ってもしょうがないんですよ。

**名越** それは僕も同感ですね。十代の子をカウンセリングしていると、彼らの身体を僕が言語化しているっていう感じですよ。

**内田** 僕も同じだなあ。授業で何やってるかというと、十代二十代の女の子たちの身体感覚を言語化する作業のお手伝いですね。

**名越** やっぱり、上手い具合にいくと気持ちいいみたいですよ。一種のマッサージ効果があるようにみえますね。

**内田** 結局、日本語を使うしかないじゃないですか。日本語を使う以上、日本語の文法で、日本語の語彙にある言葉を組み合わせてやるしかない。それによって分節できる世界なんて、実はすごくアバウトなんですよね。さっきの「腑に落ちる」の「腑」という言葉だって、名越先生がイメージしてるものと僕がイメージしてるものとは多分違うでしょう。「落ちる」だって、ドーンと落ちるのか、すぽりと落ちるのかでは、まるで違う。

他人って一種のブラック・ボックスですから。話してて、「うんうん、わかるわかる」と言ってても、実は何にもわかっていないかもしれない。でも、僕はそれでいいと思っているんです。ある程度近いところまで行ったかなと思ったら、それでオッケーなんです。何て言うか……、「ゆるさ」ですよ。まあ「六割くらいでオッケー」っていう。他人が六割わかったらもう奇跡ですよ。

**名越**　音について「唸る」とか「響く」って表現を使うのは、周波数が違うもの同士の出合いがそこにあるからでしょう。全く同じ音や周波数同士だったら唸りが生じ響き合うこともない。つまり感応しあうことも起こり得ないと思うんですよ。そのズレ具合が感応を起こすんでしょう。

感応するっていうことは、脳生理学的にはどこかの神経インパルスがバババッと流れているようなものでしか表せないのかも知れません。でも、僕たちの身体的な知性というものは、感応というのは六十%の混ざり具合に来た時に、ブワーンと唸りを生じると知っている。それをお互いの皮膚を通じて感覚していくっていうのが、「わかる、わかる」という感じじゃないかな。

内田 そうですね。やっぱり何かが起こってるんですよ、細胞レベルで。

名越 後付けで脳の中のデジタル処理の過程で「同じものをわかってるのか」っていうからおかしくなるわけで。「わかる」っていうのは「わかるっていう感覚」で、「符合してる」っていうのとは違うことなんです。

内田 「わかる」と「符合してる」は違いますね。よくダンスの喩えを出すんですけど、ステップが合ってくるというのは、これまでどういうステップを踏んだかを全部覚えていることとじゃないですよね。そうじゃなくて、次どう動くかが予測できるということでしょう。「符合する」ってそういうことですよね。これまでのことがわかるんじゃなくて、これから先に起きることに関して、予測が立って、同調が始まる。

## 大阪と都市感覚

名越 こういう身体的な知性って、土地とか環境とかによって鍛えられますよね。大阪にいると、身体感覚が否応なく鍛えられるところがあるかも知れません。

絶えず隣接してるじゃないですか。新世界と天王寺とか、恵美須町《えびすちよう》と日本橋《にっぽんばし》とか。繁華街の一筋向こうへ行ったら、そこにはホームレスがいっぱい。大阪ってそういう街ですよ。そういう異質なものが触れ合って、奥行きのある空間を作っていてエネルギーを保てるみたいな。

**内田**　その異質なものが隣接してるって、すごくいいですよね。街の活力って、そこから生まれるから。魅力のある街って全部そうだと思う。パリもそうだけど、バルセロナなんかもシックなブティックが並んでいる通りの、ひと辻こっち側では、ヤク漬けの人がたむろしていたりする。土地の人はちゃんとわかっていて、洒落たブティックの前をすたすた歩いていても、次の通りに絶対に足を踏み入れない。ほんの数十メートルの向こう側には「別のエリア」があって、それが背中合わせに共存してる。

**名越**　大阪はそうですよ。心斎橋から二百メートル歩いたら、もうそこで拳銃の音が鳴ってもおかしくないような場所があるんですよ。そっち側に近づいていくとロシア語、英語、中国語その他いろんな言語が飛び交ってますからね。オネエサンたちがこんな高いヒールを履いて。

**内田**　それって健全ですよね、街としては。

名越　大阪と東京、全然違いますね。

内田　東京はないです。新大久保だって、東京駅から何キロも離れているから。

名越　他から来た人は、よく大阪は怖いって言うじゃないですか。大阪に住んでいた頃はわからなかったけど、東京に滞在することが多くなってからは、大阪に帰ってくるたび「あっ、わかる」と。

内田　僕はバルセロナに行った時にわかったんですよ。安全な道かそうじゃないかって、気持の良い道だけ選んでたらわかるじゃないですか。一緒に行った友だちが「バルセロナって危険って言ってたけども、全然平気じゃない。一人で散歩行くわ」って言って出てったら、ものの三十分もしないうちに青い顔して帰ってきた。「ああ、怖かったあ」って。そのとき、あ、そうか、僕はそういう危険なところを外して歩いてきたんだということがわかった。

名越　そうですよね。

内田　そういう危険なエリアと市民的なエリアの間には、数十メートルとか百メートルの幅があるんだから、ある程度身体感受性がよければ、途中で気がつくはずなんだけど……。そういう中間の非武装地帯みたいなラインって、どんな危険な街にも必ずあるんですけどね。
僕の教えてる神戸女学院大学なんて、関西の代表的なお嬢様学校でしょう。でもその子たちがふつうに付き合っているボーイフレンドの話を聞いてると、けっこうとんでもないのがいるんですよ。石原裕次郎の映画の時代から、このへんの阪神間には、普通のお坊ちゃん学生、ちょっと不良がかった学生、かなり悪い学生、本職の犯罪者というふうに、不良ってグラデーションがあるじゃないですか。昔のお嬢さんたちはみんなそのアナログな連続性の濃淡を呑み込んでいて、この辺までは付き合っていいけども、この人からこっちはダメみたいなこと、わかっていたと思うんですね。でも、今の子たちってわかんないみたい。話を聞いてると、「あのね、君が付き合っているの、ほんものの犯罪者だよ」っていうことがありますから（笑）。

**名越**　出てる雰囲気がありますよね。その空気でわかるはずなんですが。

**内田**　今の子はその危険な雰囲気というのが感知できないんですよ。

**名越**　僕も私学の医学部に通ってたから、八〇年代当時で一年生の時から高級外車のカブリオレに乗って来るような子もいました。それも全く普通の感覚でですよ。「あっ、これちょっと兄貴のお下がりやから乗ってんねん」ってな感じで。それで昼まで大学にいて、夕方からはミナミのディープなゾーンで音楽やったり、朝まで遊んだりもする。で、僕はかなりグレーゾーンの奴とも付き合ってましたけど、「あっ、こいつはヤバイ」っていうのはすぐわかるんです。ここから先に行ったら足元からもっていかれちゃうぞという。

**内田** その感覚がちゃんとしてれば、トラブルにも巻き込まれずに人生全うできるんですけどね。感覚が悪い人はしょっちゅうトラブルに巻き込まれる。でも、東京にいると感度は上がんないんですね。関西みたいなぎりぎりな棲み分け方してないから。

**名越** 確かにね。東京で夜遅く歩いたりしてる時って、大阪で夜に出歩く時よりも安心してますから。大阪は絶えずセンサーがビーンと立ってるのが自分でわかりますもん。それでも僕はこの土地の人間なので、なんていうか土地に住んでる人間のオーラが出てるんで絡んでこないけど、やっぱり「あっ、今から領域に入りました」っていうのはわかります。

**内田** それはすごく大事ですよ。グレーゾーンを歩いて、そのグレーゾーンの微妙な色調の違いを感知して、こっちへ行ったりあっちへ行ったりっていう感覚は身体知のレベルですから。脳はゼロか一でデジタルに切り分けるけれども、実際にはゼロと一の間に無限のグラデーションがあるわけであって、そこに大事な問題がほとんど含まれてますから。

**名越**　カウンセリングに来られる人の中には、「何でこの人はこんなにイヤな奴と会ってるんだろう」っていう人がいるんですよ。本人も同じようなタイプならまだわかるんですよ。でもどう考えても本人はそんなに悪い人じゃない。なのにわかるわけ、「この人また数ヶ月以内に、すごく性根《しょうね》の悪い奴と出会うんだろうな」って（笑）。

いま、土地と身体感覚の関係の話をしましたけど、人間の出会いの感覚でも同じことが言えますよね。不幸な人っているんです。そういう身体的な感覚が鈍いというか、ズレている人というのでしょうか……。

## 身体感覚を損なうダイエット

**内田**　僕ね、今の女の人の感受性が鈍っている原因の一つに、ダイエットがあると思うんです。「あれが食べたい」っていうのは、必ず身体の中からの欲求があるわけだけども、ダイエットって一日のカロリーを最初に決めてしまうでしょ。つまり、脳が決めているわけです。ということは、自分の身体の中から出てくる「このビタミンが欲しい」、

「このミネラルが欲しい」っていうシグナルを全部シャットアウトしないとダイエットって成立しないんです。自分の身体から発信されるそういう微妙な信号を聞かない習慣をつけたら、身体感覚は鈍くなりますよ。

**名越** その根本にあるのが飢えだったり、渇きだったりしますもんね。だから余計ヤバイかも知れないですよね。

**内田** 過食も同じかも知れませんね。胃の腑や腸はもう嫌だと言っているにも拘わらず食い物を詰め込んでしまう。それは脳が要請しているからでしょう。消化器官との戦いに脳が勝ってしまっている。

**名越** 脳が専制君主になって、身体という民衆が苦しんで本当にへなへなになっちゃっても、無視してギシギシ絞り上げるように独裁政治を続ける。そんな感じを受けることが結構ありますよ。

**内田** 体育の先生に教えてもらったんですけども、男と女って平均寿命が十歳近く違うじゃないですか。何でかって言うと、女の人は自分で晩御飯を作るからだって。買い物行って、「今日何食べたいかしら」って自分の腹に訊いて、「私今日これ食べたい」っていう物を買って作って、子供と旦那はそれを食べる。自分が食べたい物を、食べたい調理法で、食べたい味付けで、食べたい量を食べるということを三十年、四十年やってると十年間の差が出ると。

**名越**　説得力があるなあ。

**内田**　これは感動したな。

**名越**　なら内田先生は長生きじゃないですか。

**内田**　僕は三十五ぐらいからずっと、自分でご飯作ってますからね。自分でご飯作ってると調子がいいんですよね。「今日は食べたくない」って思ったら食べないし、食べたい時には、「私は何が食べたいんだろう」って腹に訊く。スーパーへ行って腹と対話するんです。それやってぶらぶら歩いていると、身体が何を欲しているかっていうことに、ものすごく敏感になるんですよ。だから美味しいわけですよ。そのとき身体が食べたがっている物だけ食べるんですから。身体が欲しているものが身体に悪いはずがないし。

# 第5章　教養とは「何を知らないか」を知ること

## 精神疾患と学級崩壊

**名越**　僕ら精神科医の世界でいま一番取り沙汰されていることの一つに、ＡＤＨＤとＰＤＤという概念があります。これ、今まで述べてきた身体性の軽視とか、学級崩壊と言われる現象とも大いに関係があるような気がします。ＡＤＨＤというのは「注意欠陥多動性障害」と訳されたりします。気が散りやすく、じっとしていられない、思いを抑えられないなどの症状が特徴的です。

で、ＰＤＤというのは「広汎性発達障害」の略称で「自閉性障害」「アスペルガー障害」などが含まれるのですが、特定のことにこだわりが強くて、人との関わりがうまくできない傾向があります。この内で、知的な遅れはなく、言語の障害もほとんど認められないが、対人関係に障害を認めるものを「高機能ＰＤＤ」と称するわけです。

　今の小学生の中でＡＤＨＤとみられる子どもは３～５％というふうに言われることが多いようですが、発達障害全体だと当然その実数はさらに増えます。でも、こうまで人数が多いと、精神疾患もシステムとの関連で考えた方が良いのかな、とも思います。

　小学校などではすでに、一つの集団構成が崩壊したって言われてますよね。昔は例えば、表の世界の風紀委員みたいな奴と裏の番長みたいな奴が阿吽《あうん》の呼吸で協力して、四十人を上手い具合にバランスさせてきた。そこに骨組みというか、秩序を成立させていたわけです。でも、今ではそういう秩序が崩壊しちゃってるから、ＡＤＨＤとかＰＤＤとされているような子どもたちが一つの枠にはまらなくなって、かえって不安定な状態になって色々な行動が起こったりしている面があるのではないか。さらに、こういった集団の不安定さは、なにも一部の子どもたちにだけ影響を与える訳ではなくて、ひいてはそれがいわゆる学級崩壊を引き起こしたんじゃないかっていう考え方があります。僕はそれ、非常によく当たっているなと思います。

**内田**　学級崩壊って、教師の側の責任がよく指摘されますけども、あれは教師崩壊じゃなくてやっぱり学級崩壊なんですよ。本来は子どもたちの間に内在的な力学があって、それは一種、身体化されたものとして存在していた。もちろん、当人たちはそんな理屈はわかってないし、ルールもわかってやしないんだけども、感覚的にわかるっていうのがあったはずなんです。それが今わからなくなってる。

**名越**　そういう内在的な力学がクラスから抜け落ちてしまった後に、ＰＤＤとかＡＤＨＤというような現象がより先鋭化して現れてきたとも言えるかも知れません。

**内田**　そうですね。

**名越**　そういうふうな方向からも捉えるべきかも知れないです。と言うのは、ＰＤＤやＡＤＨＤの子の数があまりにも多いんですよ。ＡＤＨＤの治療には、リタリンという薬が使われることがあるのですが、この薬についてはテレビ報道でとりあげられることもあるくらいさまざまな議論があって、非常にデリケートな問題をはらんでいるわけなんです。アメリカでは数百万人の子に対し、このリタリンが使用されているという報告もあるんです。

## 集団が同質化している

**名越**　これも正しく表現するのは難しいんですが、なんというか、「空間の質」が変わってきた感じがしてるんです。例えば僕たちは、小学校といえば小学校を、高校といえば高校をイメージすることができますよね。ところがそのイメージは僕たちの中にあるだけで、何年も前から現場は根っこの部分で崩壊しているわけです。

例えば「底辺校」と言われる高校の生徒には、そもそも高校へ行けるだけの学力がない。そういう底辺校と言われる高校ではもう十年も、あるいはもっと前から、まともな授業はまったくできない状態だったわけですからね。

僕たちの中では、「高校ってこんな感じだろうな」というのがイメージとしてあったと思うんですけど、実際にはあらゆる場で、崩壊というよりも空間が全く異質になっている。ここの高校は青色だけど、こっちの高校は真っ赤っか、というふうにね。全く違う空間が点在していて、とてもクラスの一般的イメージを作れないし、先生と生徒の間の暗黙の了解が成り立つような状況ではない。

例えば二十年前ぐらいだったら、精神的な病状のある子の場合、ある程度は括《くく》れたわけです。この子はどの高校へ行っても「高校」という空間の中ではある程度同じ振る舞いをするな、あるいは、このくらいのプレッシャーを受けるだろうなと。ところが空間が全く違ってきているわけですから、その子が例えばＰＤＤ的なものやＡＤＨＤ的なものを持っていたとして、この空間の中では能力を発揮できるけれどこっちの空間では全く適応できなくなる、というようなことがありうる。そうすると、親御さんは小学校、中学校の段階から、僕らなんかよりもずっとそういう情報を得ているから、学校選びがものすごく真剣になる……。

**内田**　それって完全な悪循環に陥ってますね。悪循環というか、自縄自縛か。分極化して、極端になっている。社会の階層化が進んでて、苅谷先生が言うとおり、母親の学歴と子どもの自宅学習時間が比例している。東大入学者の親の平均年収も二千万円に近づいているといいます。これは単純に子どもの時から教育投資をしているしていないという話じゃなくて、状況がもっと劇的に変わってきた結果じゃないかな。

さっきの話で言うと、昔は一流校も二流校も三流校も底辺校も、学力に差はあったとしても、構成メンバーのキャラクター分布みたいなものはそんなに変わってなかったと思うんですね。だから規模やレベルは多少違うけれども、それぞれの場にリーダーがいて、参謀役がいて、調停役がいて、トリックスターがいて……というふうにメンバーの役割演技というのか、そういうものはあんまり変わってなかった。ところが今は社会が階層化されてしまったから、学校のクラスには均質性の高い個体ばかりが集まっちゃう。

で、均質性の高い個体がひしめくのって、ものすごくストレスフルなんですよ。多様な個体がざわざわと共存していると、ある意味お互いがお互いにとって「ブラック・ボックス」でなんだかよくわかんないんだけども、均質性が高い子が揃ってしまうと、お互い「筒抜け」になってしまうじゃないですか。「お前のことなんてもうわかってるんだよ」っていう感じで。

それって結局、人間に対する敬意とか距離感とか、あるいはコミュニケーションのマナーとか、そういうスキルを練る機会がどんどん奪われていくってことでしょう。だって、話さなくてもわかるから。結果的に、エゴ剝き出しの状態で他人と相対することになる。本来多様な個体が階層的に分離されてしまうと、一つ一つの集団には、異常に均質性の高い個体が集中してしまう。

**名越**　だから、よけいに流行りなどは細分化されていく……。

**内田**　そうだと思います。僕らの時代とは「仲間はずれ」の構造がもう違うんじゃないかな。ある集団の六割が持っていて四割が持っていない情報とかスキルだったら教えようもあるけど、九割が持っていて一割が持っていないとか、九十九％が持っていて一％が持っていないことなんていうのは、それをキャッチアップさせるための教育機会そのものがありえないですよね。だって、みんな知ってて、一人だけ知らないんだから。教師も教えないし、友だちも取り合ってくれない。「ルイ・ヴィトンって、何？」なんて隣の子に訊くような女子高生って、もう構ってもらえないでしょ。そうやって、一人だけ知らない、一人だけできないというかたちで、小学校の頃から一人ずつぼろぼろと集団から脱落して孤立してゆく。

子どもたちが置かれる集団っていうのは、均質性が高くなればなるほど住みにくくなるに決まってるんです。なのに、今の親たちはどんどん均質性の高い集団に子どもを送り込もうとするでしょう。これ、子どもを窒息させるみたいなもんですよね。所有している知識や財貨の共通性が高ければ高いほど、それを「持ってない」ということが致命的になるんだから。

**名越**　最も典型的なパターンは幼稚園から私立に入れるというやつですね。一般的な家でも、私立に入れたがる傾向がありますよ。やっぱり公立中学は怖いとかね。お母さん方はどんどん不安になってます。

**内田**　桐野夏生さんの『グロテスク』っていう本、お読みになりました？　あれ、慶應出の東電ＯＬ殺人事件の人がモデルの話です。その慶應の女子校……そうとは書いていませんけれども、下から慶應に行った子と高校から入ってきた子には差があって、高校から入ってきた子で家がお金持ちじゃない子が徹底的に痛めつけられるという悲惨な話なんです。

**名越**　まさに今の階層化で起こっていることでしょう。

**内田**　で、それに巻き込まれた子がみんなを見返すために必死になって頑張っていく。するど、いつのまにか換金できるものは全部換金するという思想に染まってしまい、自分の肉体は幾らで売れるかっていうことになって、最終的に円山町の娼婦になって行くというストーリーですけれども。

　怖いのは、均質性の高い集団に入った時の疎外感です。もうどんな細かいことでも、差別のネタになりますから。

**名越**　いわゆる「キショイ」とか「キモイ」という言葉、おそらく「気色わるい」「気持ちわるい」からきているのでしょうけど、もっと微妙なある不潔感、嫌悪感を表現しているネガティブな言葉ですね。この微妙な違和感のセンサーにひっかかってしまって、一度「キモイ奴」と烙印《らくいん》を押されてしまったら、もうすさまじいいじめに遭うでしょう。あれはそういうことですよね。

内田　こういうことは恐らく昔からずうっとあるんでしょう。世界のどこの国でもね。それを何とかして無害化するために、日本の社会はいろんな形で定期的にグジャグジャとシャッフルするってことをやってたわけで。今はそのシャッフルがされなきゃいけない寸前ですよ。

階層というのも、サイズが大きければ均質性が保てないんですよ。でも、今みたいに階層が薄くなっているから均質化が進んでしまう。階層がぺらぺらだから、たしかに横から見ると社会全体は多様化してる（笑）。でも、一個一個の薄いセグメントの内側は息が詰まるほど均質的になっている。

生息する空間を均質な個体で埋め尽くしたら、ほんとに命懸けの内部闘争になります。だから、サバンナの動物はそういうこと絶対にやりませんよね。同じ空間に住んでる動物たちでも、夜行性と昼行性とか、肉食と草食とか、腐肉を食うか生肉を食うかとか、全部生態学的ニッチ（地位）が違っていて、行動範囲や行動パターンが異なっているから、生存のための資源の奪い合いが回避されている。そうしないと同じ空間、限られた資源のところに、そんなに多くの個体は収容できないから。でも、今の日本社会は逆ですよね。資源は限られているのに、同じ食性で、同じ活動時間帯で、同じ行動パターンの人間ばかり集めている。だから潰し合いになるのは当たり前なんですよ。恐ろしいことですが、傾向としてはそうなってますよ。

## 「教養」を求めなくなった

**内田**　セグメントが薄くなっているということで言うとね、ちょっと象徴的な話があるんです。

うちのゼミで去年、卒論に文学をやった子が四人いるんですよ。テーマはそれぞれ森鷗外、谷崎潤一郎、三島由紀夫、村上春樹。で、それぞれみんな好きな作家だから、一生懸命読み込んでいて、「よくここまで読んだね」って言われるぐらい、論文のレベルが高い。昔のカテゴリーで言ったら、全員「文学少女」ですよ。でも、この四人が会って喋っている時って、文学の話って全く出ないんです。何でかと言うと、森鷗外を読んでる子は谷崎や三島は読まないし、村上春樹を読んでる子は、三島や谷崎や鷗外は読まないから。

僕らの時代の教養って、俯瞰《ふかん》的だったですよね。好きでも嫌いでもとにかく読まなきゃいけない本には目を通して、「読んだぜ」って言って話題に遅れないように。「あ、あれはよ」みたいなコメントを一言入れないと落ち着かないという。そうすると、自分の知識はどこがどれぐらい足りないかということだけはわかる。「自分が何を知ってるか」じゃなくて、「何を知らないか」をチェックする機能を果たしていたわけです、あの手の教養主義は。でも、教養主義のいいところは、何を知ってるかじゃなくて、何を知らないかがわかることだと思うんですね。

今の子たちっていうのは、自分の興味があることに関してだけはものすごく詳しい。ゼミの最初の時なんか面白いですよ。自己紹介をするでしょう。すると、だいたいみんな「趣味は音楽」って答える。だけど、音楽で話題が三秒以上続かないんですよ。「私、音楽大好きなんです。音楽なしでは夜も日も明けません」「私もそうなんですぅ」「わ、何聴いてるの？　私、スピッツ」「私、マリリン・マンソン……」(笑)。

**名越**　ネットのホームページや掲示板に行くと、もう専門の人たちが集まってるから、他の人とコミュニケーションをとる必要がなくなっちゃうみたいなとこがありますけどね。

**内田**　とにかくド排他的なんだな。確かに竪穴は深いけど、バランスが悪い。隣の竪穴の人とさえ話が通じないんですよ、全然。「君、それは隣だよ」って言っても、「そんなの、知りません」。

自分のいどころを知るための見取り図というか、「地図」を作らなければという不安感が、僕らの頃まではわりとあったと思うんですが、今はそういう視点を子供たちが切望しないんです。自分を含む社会の全体を一望俯瞰して、自分が何を知らないで、これからどんなことを学んだら何が身に付いて、何ができるようになるかということについての知的欲求がほとんどない。「私はこれを知ってる。あなたは?」「知らない」でおしまい。答え手のいないトリビアクイズの出し合いなんです。

広く浅く知ってるというのはちっとも自慢にならないことですけど、やっぱり少しはいいこともあって。少なくとも人間たちの営みには、いろいろなかたちがあるんだなっていうことくらいは知れるわけだから。

**名越** 広く浅く知ってても、想像力をたくましくしないと人に話はできないでしょう。僕もどっちかというと広く浅くのタイプなんです。話をしている時は相手の顔を見ながら「ああ、これでええんかな、通じてるかな」と思って、相手の目が輝いたりしてきたら、「あっ、結構これ、当たってるかも知れへんぞ」みたいな感じ。それで結果としては新しい発想が降りてきたりする。これは要するに、穴ぼこがいっぱいある知識だからこそできることだと思うんです。

**内田**　広く浅くだと、関係性から類推できることってあるじゃないですか。「ここはこうだったから、ここもこうなんじゃないかな」って。これ結構当たりますよ。

**名越**　そうそう。僕は、細くて深い人と話をすると、だんだん息が詰まりそうになる。対話じゃなくて情報が垂れ流されてる感じで。

**内田**　一番面白い対話って、二人とも知ってる話をもとにして、二人とも知らないことについて推論するという時ですよね。

**名越**　そこのワープ感覚が楽しいわけで。その時に対話が成り立つっていうのは、想像力がその場、二人の距離の間で作動しているからでしょう。知識が細くて暗くて深いだけだったら、それが全然出てこない。そういう人とずっと話していると、僕は精神が参ってくる。

**内田**　そうですね。この垂直方向に行ってる知性っていうのは……知性とは言いたくないなあ……でも、そういう知性の人には、やっぱりわからないと思いますよ。その横に広がってゆく感じのもたらす解放感って。

**名越**　わかります、わかります。僕なんかわりと、事実を元にして半分ホラ吹くのが好きで（笑）、うまくそういう発想の広がりや転換が起きているうちは喋れるというのがあるんですね。ところが、講演なんかで僕の話を聴いてくれる人でも、「細く深く」の人は、それをまた細く深くの体系の中に組み入れるんです。それこそ内田先生の口癖の「いま思いついたことなんだけど」って前置きして喋っても、それを一つの「情報」として組み込んじゃう。

**内田** ホラを吹くって言うとちょっと毒がありますけど、基本的には三つあるうちの二つしか情報がわからない時に、その第三項はだいたい類推できるところにあるわけです。僕はそれを、あたかも知っているかのように言うのが得意で。

**名越** 外へ広げていく知識って、納得とか、了解とか、腑に落ちる感覚を理解するための枠組みなんですよね。

**内田** それがメタファーの力を鍛えるんです。関係性というか、AとBの関係はこうだから、DとCの関係もこうなんじゃないかって、この関係性を推測する能力ですね。

教養の定義として面白い言葉を聞いたことがあるんです。「something について everything を知ってると同時に everything について something を知ってる」というんです。これが教養の定義だということをアメリカ史の先生から聞いたんですけど。でもね、僕は前半には自信がないからだけど、後半の方が大事だと思うんですよ。

**名越**　僕はカウンセリング的なものを教えることがあるんですけど、「この人はすごい緻密に話をするけど、きっとカウンセリングは下手やな」と思わされる人が中にはいます。先生が今メタファーと言われたでしょう。まさにそれです。

例えば親子関係を車のメンテナンスに喩えるとか、あるいは車のメンテナンスを豚の飼育に喩えるとか、その喩えの能力なんですね。僕はさっきホラと言いましたけど、同じ内容を別のことで喩える時には想像力が必要だし、そこには一つの飛躍が必要になってくる。……だって違うものですから。その論理を一度、破綻させなければいけない。

でも破綻させることによって、その時に相手に何かを訴えることができる。「これをこうしなさいよ」ではダメなんです。例えばお母さんが子どもに対してまずい対応をしているとして、「これはやり方がまずいからダメですよ」って言うと、単なるお説教になっちゃう。だけど、例えば子どもの心を車のエンジンに喩えて、おたくの長男さんはエンジンが大きいんだからふかしすぎるとぶつかりますよ、といったらふっと心の琴線のようなものに触れられるときがある。凡庸な喩えですけども、そういうことを言った時に初めて、その言葉が一つの記号として、情報として入るよりももっと深くその人の中に入る。

**内田**　それはね、喩えを持ち出す時、名越先生が自分のフレーム、枠を壊しているからですよ。親子関係を車のメンテナンスに喩えた時って、単なる精神科の医者としての領分から、一歩踏み出しているってことですよね。そのフレームを壊す仕方っていうのを向こうは見ていて、自分が閉じ込められてるフレームっていうのも、こういうふうにやると壊れるのかなっていう感じがわかってもらえる。メタファーを上手く使う人っていうのは多分、フレームの壊し方を教えていると思うんですよね。

**名越**　なるほど。それはよくわかりますね。その人の話が面白いか面白くないかっていうことに、結構そういうことが関係している。

**内田**　微分みたいなもんですよね。デジタルには表示しにくいんだけども。従来の教養主義にしてみても、大切なのは横並び的な教養を身に付けることそのものじゃなくて、そういうものを整える過程で、ある微分的な力動性というか、そういうものが発生するわけでしょう。でも、じゃあ、その「微分的力動性」って何かって言われても、うまく言葉にできないんですけど。

結局、いま抜け落ちてるのって、目に見えるものじゃなくて、目に見えるものを成り立たせている「何のためにこのシステムがあるのか」っていう、もう一つメタレベルのものの見方であって……そのシステムの成り立ちを理解させるためには、どこかでシステムが破綻しているところがちらっと見えないとダメなんですよ。変な喩えですけれど、TVの成り立ちを見せようとしたら、ニュース読んでるときに原稿が来なかったり、中継が繫がらなかったり、カメラがぶれてセットが「見切れ」たり……というシステムの破綻がないとわからないじゃないですか。システムをちょっと壊してみせるということの教育的効果って、どれくらい理解されてるんだろうな。

**名越**　ちょっと変な見方かも知れませんが、配置の妙ということがあるでしょう。例えば一つの空間にランプと机と椅子が置かれているという時に、その配置の仕方による空間の色というか、肌触りというか。見えるものだけを見てる人には、どこへ置いても机と椅子とランプしか見えないわけです。しかし、配置を変えることによって、その中に止《とど》まっているものも全く違った映りかたになってくる。でもこれは、言葉で伝えるのは難しい。

**内田**　名越先生に改めて言うまでもないんですけども、結局、何を言うかじゃなくて、どんな風に言うかに尽きると思うんですね。その人がどういうトーンの言葉だったら聞くか、どういうトーンだったら聞かないかっていうのは、データがないわけですから。その瞬間の相手の非言語的な反応から見るしかないわけです。

**名越**　そうそう。

**内田**　いまの言葉は耳に届いたけれど、こっちはダメだったみたい。その違いって、どうしてわかったの？って訊かれたら、言葉にはできないですよね。

**名越**　点数化できない部分ですから。僕とか内田先生にお呼びがかかるのは、どんどんそういう教育が排除されてるからじゃないかな。

本来、イマジネーションだって身体と背中合わせのところにあるわけです。ところがイマジネーションというと、みんな頭で考える方に飛んじゃうでしょう。そうじゃない。

**内田**　イマジネーションという言葉からみんなが思い浮かべるのは、完全にヴィジュアルイメージでしょう。本来は想像力って、距離の遠い所のものに感応することだと思うんですよ。それがほとんど排他的に視覚イメージになっている。想像力という言葉から、匂いとか触覚とかを想起する人って、いませんよね。でも、ほんとうに本質的な想像力がもたらすものって、むしろ感覚的なものですよね。

**名越**　感覚なんですよ。

**内田**　体感ですよね。だから言葉にはできない。何か「ああ、こういう感じ」っていうね。

**名越**　まさにそうなんですよ。イマジネーションっていうのは、頭っていうよりね、もう中空を飛ぶような感じで。身体の輪郭が抜け落ちたあとの内側の空間みたいな感覚。

だから地面がなくて、水平線がないような、そういうところに立ち上がってくるものを、僕はイマジネーションだと思ってるんですけど。

**内田**　まあ、聞いている人には、わかりにくい話かも知れないので申し訳ないですけど、ほんとうにそうですもん。

とにかく、知覚においてヴィジュアルな要素があまりにも優先し過ぎてる。視覚以外の、聴覚や触覚や身体の筋肉とか腱とか骨格とか内臓の動きとかいうさらに微妙な感覚を感知したり、伝えたり、言葉にしたり……ということって、家庭でも、学校でもほとんど顧みられてないんじゃないかな。

# 第6章　義務教育は十三歳までに？

## 十四歳は自分の身体に違和感を持つ年頃

内田　思春期の一番大きな問題というのは、自分の経験で言いますと、自分自身の身体に対して違和感があるってことですよね。自分の身体が自分の身体とは思えない。その時にどうやって調整していくのか、そこに、人間が成熟するうえでの秘密があると思うんですよ。「僕は一体どこまでが僕なの」って感じている時に、内側に向かって「これは間違いなく僕だ」という実感のところまで縮んでいくのか、それとも自我をむしろ押し広げていくようにして、自分の周りの友だちとか家族とかにゆっくり自我の境界線を拡大していくのか、このどっちを選ぶかっていう踏絵を踏まされる。

十四歳ぐらいの時って、精神年齢がどんどん青天井で上がっていくけれど、逆に身体はまだ子どもなんですね。読んでる本とか書いてることはもうすごいんだけども、外から見ると丸顔の中学生。近所のオバチャンに「おはようございます」と笑顔で挨拶して、家に帰るとサドの小説読んでるとかね（笑）。

その時に「おはよう」の僕か、「サド」の僕か、どっちがほんとうの自分なのかが問われるわけですが、結論を言ってしまえば、選べるもんじゃありません、ということですよね。そんなの端《はな》から無理な話であって。どっちも「あり」なんですから。こっちが先に行ったり、あっちが先に行ったり。頭は子どもなのに身体は大人って感じることもあるだろうし、逆に身体が子どもなのに頭は大人っていう感じがすることもある。そういう片づかなさを味わいながら、その違和感そのものを自分にとっての「自然」として、そこに腰を据えるということができるようになると、だんだん成熟してゆくってふうになるんですけど。でも、誰も教えてくれないんですよね、「中途半端で、いいじゃないか」、「それで、いいんだ」ってことは。

**名越**　そういう欠落感や違和感を補足するのが共同体だったんです。元服するともう大人、みたいな形でね。

**内田**　元服は十四、五歳でしょ。昔の人はその時期に子供の身体と心のバランスが狂うということがわかっていて、その上で、社会的立場をいきなり切り替えるという力業で「もう君は子どもじゃないんだ」っていう形にしちゃったんでしょうね。子どもの中に生じた心身の違和感を、ある日を境にいきなり周りが寄ってたかって「大人扱い」するというフィクションを演じることで解消する。そういう生活の知恵だったんでしょうね。どう考えても、昨日まで子どもで今日から大人なんてバカな話があるわけないんだから。フィクションだって、本人も周りもみんなわかっていて、それをあえて真顔でやるところがこういう伝統的な儀礼の手柄ですよね。

昔は中学を卒業して十五歳から働き始めた人がかなりいましたよ。僕は東京の普通の区立中学ですけれども、クラス五十人のうち十人近くが中卒で就職しましたね。十五歳でもう大人扱いなわけです。でも、どこかの段階で「大人扱い」にする年齢がどんどん先に延ばされるようになってしまって。

**名越**　少年が引き起こす事件が起こる度に、大人たちはすぐに「こんな年端《としは》も行かない若い子がなんでこんな考え方を持つんでしょう」って言うでしょ。そうじゃないんですよ。

**内田**　違いますよ。

**名越**　それはもう彼らが覚えていないだけです。

**内田**　頭の中だけなら、酒鬼薔薇より語彙があり、彼より邪悪なことを考えている中学生なんかたくさんいますよ。子どものころの僕の周りにだって、「恐るべき中学生」はいくらもいたし。彼が書いたものを読んで、なんでこの程度の文章でびっくりするのか、不思議でしたね。「こんな論理的な文章を書ける中学生はいない」というようなことを言う評論家もいましたけど、自分が中学生のときのことを忘れているんじゃないかな。

**名越**　それはやっぱり、大人が子どもに対するイメージを画一化してしまったからじゃないですか。本来、十代の前半というのは個性がもっとも先鋭化する、もしかしたら人生の中で一番賢い時期かも知れないです。毎日こう伸びるでしょう、ビョンビョン、ビョンビョンと。

親の方はそれがわからない一方で、子どもの方は親が望んでいるような人間を演じ続けることができる。僕は過剰適応と呼んでますが、どういうふうに自分が子どもを演じたら親は納得してくれるか、子どもたちは関係性のなかで条件反射的にわかってると思うんですね。それである種マニュアル通りに親には良い子を演じ、自分の部屋では好きなだけ妄想に耽ることができる。

中学の同級生が十人は就職したっていうような現実がないわけですよ。子どもたちの殆どが高校に進学するから。そういう画一的な状況になると、今度は親の方がまわりと同じに、まわりについて行けるようにという強迫観念にも後押しされて、どんどん子どもとステレオタイプな関わりしか持てなくなる。で、本当に定型化した感情とか、ハウツー的な関わりしかできなくなって、コミュニケーション能力は劣化していってしまう。

一方、子どもは、親を騙して平気の平左っていうわけじゃなくて、どんどん自分の世界が狭まってきて、いくら閉鎖的になっているとはいえ、その中でも断片的には現実のさまざまな矛盾にぶつかる。しかしそれを飲みこんで消化しちゃうんじゃなくて、とかく意識から排除する。だからまるで自分自身の首を真綿で絞めてゆくように精神的な居場所を狭めて孤独へはまり込んでいく。僕はこういう状況はかなり蔓延してるような気がする。

**内田**　酒鬼薔薇聖斗の事件を見て、彼の気の毒なところっていうのは、彼の周りに彼程度の文学性に共感できる友だちが一人もいないってことなんですよね。友だちがいて、一緒になって「わかるよ」、「やってらんねえよな」って言い合って、個人的な妄想がある程度社会的に承認されると、ずいぶん心理的な内圧は軽減しますからね。もちろん、それだけじゃなかなか解決できないとは思いますけど。でも、潜在的に彼と同程度に危険な子供っていうのはそこらじゅうにいるんだということは踏まえていた方がいいと思うんです。

『映画は死んだ』という本を何年か前に共著で出した松下正己くんて、僕の中学時代からの友だちなんですけど、彼が十四歳の頃に書いてたものなんてすごいですよ。彼が抱え込んでいた社会に対する憎悪とか軽蔑とかは、危機的な水位に達してましたから。でも、何かのはずみで僕みたいな超絶生意気中学生と知り合って、二人の生意気同士で気取って毒々しい内容の手紙を書いたりしてると、自分のそういう異常性みたいなものに対して、「あれ？」っていう感じになるわけです。何だか憑きものが落ちたように、スーッと肩の力が抜けたような感じになった。

松下くんなんか中学ではまったく孤立していたわけです。誰もいないわけですよね、彼の頭の中で渦巻いている文学的妄想を引き受ける相手が。で、僕と知り合って文通が始まって、「じゃあ今度会いましょう」ということになった。会うまでどんなやつだか、わかんないわけですよ。僕は彼が細面《ほそおもて》で痩身の知的な風貌の青年だろうと想像していて、彼も僕のことを勝手にそういうふうに想像してたらしい。で、待ち合わせの場所に行くと、丸顔坊ちゃん刈りの中学生が二人ぼおっと立ってて、「もしかして君、内田?」「もしかして、君が松下?」って二人とも愕然としたという(笑)。

これがすごく決定的な経験だったですね。友だちになって彼の家に最初に遊びに行った時に、別れ際に彼のお母さんから、「うちの子が友だちを家に連れて来たの、十四年間であなたが初めてなんですよ。お願いだからこれからも友だちでいて下さいね」って泣かんばかりに頼まれた。僕、ちょっとじーんとしちゃって。松下ってすごく大人ぶってるけれど、社会的にはほんとうに弱々しい存在なんだなって。そのとき、僕みたいな子どもでも、というか、子どもだからこそ、子どもを支えることができるっていうことがわかった。

**名越** 今に通じる話ですね、それは。

**内田** 十四歳って周りの十四歳がバカに見えてしょうがないし、大人もみんなバカに見える。そういう子っているんですよね、けっこう、たくさん。

**名越** そういう、ある種才気走った子が、一番先鋭化してくるのがその時期なんですよ。それを大人が全然わかってないんです。まだまだ子どもだと思ってしまうわけです。

**内田** 酒鬼薔薇くんだって、まわりの友だちは結局誰も相手にならなかったわけでしょう。互角に話せる相手が一人でもいれば、そこに小さいながら「社会」ができるわけで、そこで相互に承認し合い、コミュニケーションが生まれる。そうするとセルフイメージと他者からの評価のあいだの致命的な乖離がゆっくりと縮んでいって、そこそこ等身大の自我イメージが形成されて、徐々に安定のいい状態になっていく。

**名越**　暗部を持ってる奴と繋がるというか、そういうツールがないんですよね。こんなに世の中に情報が氾濫してるのに。インターネットで検索するとよくわかるんですよ。たいがいの場合、かなり浅いレベルの中途半端な知識が、ただ膨大に集積してるだけですから。

**内田**　そのインターネットの世界っていうのは、僕と松下くんがやってた六〇年代の文通の世界と同じなんですよね。文通ってヴァーチャルだから。でも決定的だったのは、僕たちが実際に会ってしまった、ということなんですよ。「へーッ、お前が、あれなの？」っていうね（笑）。大人びたことを書いている「ヴァーチャルな僕」と丸顔で小太りの「生身の僕」の間の乖離という事実そのものを彼が見て、こっちも同じものを松下くんの中に見たわけだから。二人が同時に「げっ」となった時に、初めて僕の中の苦しみが解消したわけです。「なんだよ、こいつもあんなえらそうなこと書いてっけど、丸顔の中学生なんじゃん」っていう。「あ、そういうもんなんだ、世の中は」って（笑）。

**名越**　僕には安克昌《あんかつまさ》っていう友人がいて、後に彼も精神科医になるんですが、彼と中二の時に出会った時も、すごくそれによく似てますね。彼に会った時に、「こんなひどい奴がいる。強烈で、攻撃的で、大人をバカにしていて、孤立してて、でも真っ直ぐ歩けてる奴がこの世にいる」ってほんとに思いましたもん。「こんなアバンギャルドな奴がこの進学校にいるんだったら、僕も辞めないで済むかな」って、やっぱりホッとしたことを覚えています。

**内田**　そこなんですよ、大事なのは。「身体は子どもなんだけども」、「丸顔の中学生のくせに」というところ。その乖離の苦しさだけなんですよ。そこにズレがあるということを誰かにわかってもらえれば、「ズレで苦しんでいる自分」というものがもう一つ上の次元に繰り上がって、それ自体が考察や記述の対象になるでしょう。

そのときまでは、「ヴァーチャルな僕」と「生身の僕」が分裂しているわけですよね。文字を書いているのは「ヴァーチャルに大人になっている僕」だから、まわりの愚鈍な人間たちへの憎悪や軽蔑はあっても、自分が「現にまだ子どもであることの苦しみ」は言葉にできない。でも、自分と同じような種類の乖離に苦しんでいる友だちに出会うと、

「乖離という現象そのもの」を記述したり、考察したり、あるいは笑ったり……という ことが可能になる。そのとき「乖離という現象そのもの」について語っている「僕」は、 もう「ヴァーチャルな僕」でも「生身の僕」でもないわけですよね。「第三の僕」がそ こに出現する。中立的な語り手というか、第三者というか、一歩距離を置いて「僕を眺 めている」語り手が。

そうなると、丸顔の中学生であるところの自分にもうまくなじめるというか、許せる わけですよね。「いいじゃないの、丸顔の中学生がサド読んでも」って。そういうのも 「あり」でしょう、っていう。

## 若者の表情が乏しい

**名越**　これ、臨床的なものとは違うんですけど、若い人たちを見ていて、表情がすごく 乏しいと感じてしまうんですよ。テレビなんか見てても、ほとんどいつもそう思います。 そう感じてると僕も苦しくなっちゃうから、いやいやこれは僕の専門家的バイアスなん だと思うようにしてる。

**内田**　いや、それは専門家のバイアスじゃないですよ。実際そうです。

名越　若い人たちの表情って、感覚的には七種類ぐらいしかないんです。だからいつも「ああ通じない、通じない」って手探りしてます。十人に一人とか、二十人に一人ぐらいとやっと話ができるっていう感じ。

いま大学でも週に一回教えてるんですけど、その時もやっぱりこう、学生さんの中に入ると自分自身も、話してる時に顔がクッと引きつるような感覚があって。やっぱり学生さんたちとシンクロしようとするからなんでしょうかね。それは結構、僕にとっては深刻な問題かなと感じることがありますよ。

僕が開業した頃に比べると、思春期の精神疾患については隔世の感があって、診断がすごく難しくなった。精神病が軽くなってきて、それで難しいんだったらいいんです。でもそうじゃなくて、裾野が広がり過ぎてきてる。

思春期というのは主体的な人生の入口でしょう。僕は発症する前の時期ぐらいから診てるわけです。その頃から、例えば学校へ行けないとか、学校へ行くことが辛いといった問題を抱えている。で、対人的なコミュニケーションが上手くとれない人の中に、「気をつかい過ぎて」というよりも前に、ものすごくまわりの変化を敏感に感知し過ぎて身動きがとれなくなる人たちがいる。

ところがね、そういう非常に敏感な資質の繊細な子どもたちを診てると、「へっ」と驚くぐらい表情が硬いんです。この表情のなさは、十年前だったら診た瞬間に統合失調症ではないかと考えてしまうくらいで、こういう人が多くみられるようになった。

初めの時期はね、率直な印象として、もう頭の中では八十％ぐらい「統合失調症か？」と思って診てるわけです。ところが発症しない人が沢山いるっていうことがわかってきた。といって、「今日はゲーセンにでも行こうぜ」とか、「一緒にカラオケに行こうぜ」というふうな社交的な人になるかといったら、それは全然そうならない。ならないからといって、統合失調症というところまで自閉的になるかというと、そうもならない。それで学校へ行けたり行けなかったりして、中学、高校時代を過ごすようになる。

そうした子たちの顔を見ていると、「あれ、かなり表情が硬いぞ？」と思ったり、「いや、お互い話の内容は十分につかんでいるはずだから」と思い直したり……。で、今度はテレビで若者の討論番組とか見ていると、「この子は表情が硬い。えっ、この子も……」っていうのがあるんです。

討論番組に出るような子たちって、社会性が低くない、むしろ高い人たちですよね。それがこちら側のセンサーに、ピクッとひっかかってきてしまうというのが、今のコミユニケーションの難しいところかも知れません。ものすごいギャップが生じている。つまり、ああいう場に出て行く子たちっていうのは、言葉にならない思いを前にためらったりするタイプじゃなくて、非常にステレオタイプな意見を言う人たちかもしれない。子どもの意見ではなくて、早く大人になって、そういう大人的な原則を述べられる子が、ともすれば選ばれる。そうすると非常にステレオタイプでしょう。

**内田** 早熟さってステレオタイプですからね。

**名越** そうです。早熟さのステレオタイプというものと、一種の統合失調的な状況というものは、自分の中ではすごくリンクする。というのは、あまりに沢山の情報が入り過ぎるから、かえってそれらを自閉的にシャットアウトして、ステレオタイプになっちゃうんです。早くから老成してしまう。さっきから話してる都市の身体性の崩壊とか、自分自身の身体を実感できないこととか、繊細なコミュニケーションを排除した上で今の社会が成り立っていることも、これにつながっている。

**内田** 何ですか、まっすぐ地獄への道に社会全体が向かっているような感じがしますね。

**名越** 統合失調症の病理をうんぬんしているのではないんですけど、あたかもその病状のなかで認められるような感覚遮断をせざるを得ないような状況があるのかもしれない。

**内田**　確かに新宿みたいな街を歩いていると、もう感覚遮断せざるを得ないんですよね。うるさすぎて。そこら中に巨大スクリーンがあって、こっちからもあっちからも大音量で音楽が流れてくる。だから、みんな外界を遮断してるんですよ。帽子を深く被ってヘッドフォンで音楽を聴いて。

**名越**　いま渋谷なんかを闊歩している人たちが、昭和三十年代四十年代の村落共同体にタイムスリップしたら、「異常だ」って認知されるんじゃないですかね。

**内田**　異常でしょうね。

**名越**　でも逆にそれが、都市で生きる必然的な防衛手段になっている。

**内田**　たしかに、彼らなりの自己防衛なんですよね。だから、その点で若い人を責めるのはほんとに気の毒ですよ。彼らは「後手」に回っているんですから。「先手」を打たれてしまって、やむなく対応するっていうのが、子どもたちの逃げようのないあり方ですから。これで子どもを責めるっていうことは、大人には許されないですよ。

**名越**　ほんとそうですよね。辛いですよ。こうした表情がいっぱいあふれている現状は。

**内田**　僕は街に出ないですもん、怖いから。学校でも、ベルが鳴って廊下にワッと人が出てくると、下を向いてしまいますから。教室はいいんですよ、一応教師がコントロールできますから。だけど廊下は街と同じですからね。そこを歩いてくる女子学生たちは怖いんですよ。

**名越**　空間の違和感が強烈に迫ってきますよね。

**内田**　きますね。

**名越**　それはちょっと避けようがないというか、そういう感覚がありますよ。

**内田**　例えばガラスのドアがあって、あっちから学生が来て、僕はこっちから来る。で、僕はドアをこうやって「どうぞ」ってあけて道を譲っても、ほんとに何の反応もしないで、まるで僕が存在しないかのように無視して通っていく子がいる。そうすると、「無礼な奴だな」と思うんじゃなくて、怖くなるんです。

**名越**　怖いですよね。そう思います。

この仕事をしてて何が怖いのか。時々、えも言われない恐怖が降りてくることってあるんです。人が怖いのか、仕事が怖いのか。そうじゃないんですよ。人と接し、擦り切れてしまうこの大都会の中で、まさに擦り切れつつある人と出会う時、その人が連れてくる雰囲気、この都会のあまりにも殺伐とした空気に、自分が反射的に恐怖を感じている気がしますね。

それに対して摩滅してきたのかな、という感じを持ってます。

**内田**　摩滅してるんですか。

**名越**　絶えず自分の中にある不安と戦っている感じはありますね。自分の故郷の村が、実はいまダムの決壊で沈みそうになっているのに、自分はそれを知らないでのほほんと酒飲んでるんじゃないか、みたいな予感……。僕の中にいつもある感覚なんですけども。

**内田**　怖い話だなあ。どうも希望が持てる話にならないですね（笑）。

**ストック・フレーズ**

**名越**　さっきのステレオタイプっていうことで言うとね、ちょっと考えさせられた話があるんです。

救急で病院に入ってくる人の中には、薬物中毒で混乱した状態で、幻覚も出現している人もいるんですね。ある時、そういう状態の四十代くらいの男の人の隣に、若い二十代のシンナー中毒の子が入ってきたんです。その子も興奮状態だから一日個室で寝てもらったんですけど、隣同士だから声が聞こえるんですよ。そうすると、まだ正常な意識からはほど遠いレベルのそのおじさんがその子に、「若いうちからそんなことしたらいかんやないか」ってさかんに説教してて（笑）。でもよく聞いてみると内容としては、正しい説教してるんですよね。

僕それでね、「いやあ、これは反省せなアカン」と思いました。説教は誰にでもできるんです。基本的なディスクールは完全にインプリントされていて、こんなに前後不覚な状態になってる人にだってできるんだ、と。

**内田** ほんとにおっしゃるとおりですね。政治家の祝辞と同じで、出来合いのストック・フレーズを、ただ頭から読んでいくだけなんですよ。

**名越** 考えたら日本人ってずいぶん標語好きですよね。役所にも垂れ幕がぶら下がっていて、「防犯月間。互いに声をかけ合いましょう」とかって書いてありますよね。

**内田** でもね、ストック・フレーズが好きなのは世界中みんな一緒ですよ。フランス人も大好きですよ。フランスはリセの最終学年に哲学学級ってのがあって、そこで哲学史をやるんですけど、何をやるかっていうと、哲学者の有名なフレーズを暗記させられるんです。僕らが古文の時に、「昔男ありけり」とか「春はあけぼの」とか暗唱させられるのと一緒で。でね、知的会話の端々にそれを振るんですよ。それが鬱陶《うっとう》しくて（笑）。「高校で習ったことを言うなよ」って感じ。さっきのオヤジの説教と同じですよね。アメリカ人だって言います、誰でも言いそうな正論を。もしかするとアメリカが一番そうかも知れないな。

**名越**　かも知れませんねえ。「意志ある所に道あり」みたいな。

**内田**　理路整然とね。ストック・フレーズだけでしゃべるやつって、強いんですよ。相手をおしとどめて「まあ、いいから聞きなさい」っていうフレーズそのものは間違いなく「正しい言葉」なんだから。

日本の伝統的な社交のルールだと、相手の話をさえぎって「まあ、いいから聞きなさい」っていうのはかなり異例なことですよね。僕の記憶では、昔の大人たちは、喋ってる最中に誰かが話の腰を折って発言したら、それまで話している方は話を切ったように思うんですね。つまり、途中で割り込まれるってことは、すでに喋る方に何か問題があるという判断があった。隙があるとか。そういう作法がなくなりつつあるような気がしますね。

でも、今違うでしょう？『朝まで生テレビ！』とか『TVタックル』って、何人も同時に喋ってる。とにかく大音量で自分の言いたいことを言い立ててるだけで、自分の言葉を他人の中に届かせて、相手に「触れる」ということにはもう誰も興味を示さない。

おちんちんに毛が生えるまで？

**内田**　あと、すごく面白い話が一つあってね、こいつを今日しようと思って忘れてた。うちは女子大ですけど、大学院の授業だけは男子も聴講できるんですよ。その中に静岡の公立中学校の先生がいて、その先生にこの間研究発表をしてもらったんです。「大胆なことを話していいか」って言うから、「どうぞお好きに」って言ったんです。そしたら「義務教育を十三歳までにしてくれないか」って言うんですよ、その中学校の先生が。

公立中学校の場合だと、十四歳の中学二年の夏休みが終わって、九月になったころからみんなおかしくなっていく。それまで丸顔の中学生だった子たちが、突然金髪にして耳にピアスして学校に来て、「刺すぞ、このヤロー」みたいなことを言い出したりする……。

**名越**　ああそれ、僕の実感と重なりますね。

**内田**　で、その先生がおっしゃるには、その子たちが気の毒だって言うんですよ。学生服着て学校に来て、授業で教室に座って「サイン、コサイン」とか「泣くよウグイス平安京」とかやらされるのは気の毒だと。もうこの子たちは、学校という枠に収めるべきではないのではないか、「お好きなことをしていただいてよろしいんではないか」と。

**名越**　でもその場所がないですよね。好きなことをする場所。

**内田**　うーん、そうなんだけど。彼は中学校の教師なんで、申し訳ないけども中学校を十三歳までにしていただけないかと懇願するわけですよ。十三歳までだったら、自分たちでなんとか教育できる自信がある。でも、実際には、中学校二年生の二学期以降に急に変貌してしまう全体の一割から二割ぐらいの生徒の問題行動のケアに、先生たちはエネルギーの大半を使ってしまう。だから、結果的に、他のふつうに学校に来ている子どもたちの学習を担保するだけのエネルギーが残らない。

**名越**　だいたい第二次性徴が始まって、「あれ？」って毛が生えてきた時期と、ほとんどシンクロしますよね。「俺ってオスじゃん」みたいな。

**内田**　そうなんですよ。彼が言うには、彼らを今の日本の中学校みたいな制度の中に閉じ込めておくこと自体に無理がある。自分は十三歳までだったら、小学校を出て一年くらいでそろそろニキビ出来て、まだオチンチンには毛が生えていないぐらいの子どもたちだったらきっちり教えられると。そこから後は、「お勉強したい」っていう人は教える。「オレは勉強なんかしたくないよ」っていう人にはお引き取り願ってもいいんじゃないか、と。

今の日本の公立中学校では、退学させられないんですよ。教師が「君は授業を聴く気がないんだから、出て行ってくれ」って言えないんです。だから、その授業を聴く気がない生徒が教室に止まっていて、騒いだり物を壊したりしてるのを、黙って指をくわえて見てるしかない。

聞いてて、僕もうーんと考え込んでしまいましたね。おっしゃるとおり、確かにこれは深刻な事態ですよ。本来は十三歳とか十四歳で成人するというのが、長い人類の習慣だったわけですから。今の日本は高校までが、うっかりすると大学までが事実上義務教育化されている。そんなところに十八歳まで行かせるって気の毒ですよ。

**名越**　まったく僕も同感なんですけど、そうするとね、新たな価値観をちゃんと作り上げていかなくちゃいけないと思います。自分の子どもは学問に向かない、学問に向かない子どももいい子どもだ、自分の子どもにはこういう生き方がある、その学問に向かない子どもを育てている私たちもそれはそれでいい親だ……みたいなね。これはこれで結構大変なことだけど、でもすごい大切なことだと思います。

内田　義務教育は十三歳まで、「毛が生えるまで」でいいんじゃないかな。そのあと、学校を出て、あれこれの経験をした後に、また「やっぱり勉強したい」と思って戻ってくれば、そういう子たちは勉強することへのモチベーションがはっきりしているわけだから、むしろ効率的な教育ができると思うんですよ。

僕は「苦学」という言葉が好きなんです。僕自身が「苦学生」だったから（笑）。ただ「苦学」にも条件があって、あんまり苦しいと勉強できない（笑）。国公立の学費はコンビニでバイトしながらでも払える程度に安くて、学生であることにいろいろな社会的特権というか、責務の免除みたいなものがついていれば、「苦学」する子って、けっこうぞろぞろ出てくるような気がするんです。

今、学費が高すぎて、働きながら大学に通うなんてことはできないですよね。僕らの学生の頃って、国立大学の授業料が年額一万二千円ですからね。入学金四千円の半期授業料六千円で、一万円札一枚で大学生になれた。バイトの時間給が三百円くらいの頃ですけど、それでも三時間働けば一月分の月謝が払えたんですから、「苦学」といってもぜんぜん楽で（笑）。そういう制度的な支えをしておいて、やりたい子はいつでも学校に戻ってこられるというバイパスさえ担保しておけば、義務教育十二歳でもいいような気がしますけどね。

# 第7章　エンタテインメントという「大いなる希望」

## ええじゃないか

内田　日本社会はどうしても、「正か否か」という二者択一的な形でしか身動きできないですよね。『忠臣蔵』とも通じることですけど。この不自由を緩めて、正しい間違っているという定性的な差別化をするんではなくて、どうすれば「被害がいちばん少ないか」というふうに定量的に問題をとらえる知的習慣がなんとか定着しないもんでしょうか。

　義務教育の問題もそうですけど、直せるところを直して、どうやって被害を最小限にコントロールするかっていう発想がほとんどない。むしろ「起死回生」の大博奕《おおばくち》を打とうとするでしょう。「ゆとり教育」とか「教育の機能的分化」とか「英語の使える日本人」とか、みんなそうですよ。そして、大失敗をして、また次の起死回生のプランに雪崩を打って飛びつく。

**名越**　そうでしょうね。何か解決策はないものか。とりあえずわかりやすい方策をあげるなら、一つは祭りを興すことかなと思うんですけど。江戸時代のお伊勢参りみたいなやつね。

**内田**　なるほど。もしかすると今の日本には、何らかの祝祭が必要なのかも知れないですね。

**名越**　僕は、もうそれしかないいんじゃないかと思って。

**内田**　韓流ブームなんてのもそうなのかな。ただ、祝祭的なものに対する欲求があるということは間違いないですね。

僕、鈴木晶さんっていう舞踊学の人と仲良しなんですけども、去年の暮に対談した時に、彼が国際舞踊学会というところで発表した「よさこいソーラン」のビデオを見せてもらったんです。それがどう見ても尋常じゃないんですよ。何百人もの人たちが踊っている様子が。高知県から始まって、それが札幌に飛び火して、北大の学生が始めて一気に北海道の一大イベントになった。それが今は日本中に広がっているらしいです。鈴木さんに聞いてみたら、「日本中で熱狂的に〝ええじゃないか祭り〟状態ですよ」って言ってました。この十年ぐらいで、燎原の火のように広がってると。

**名越**　テレビで何度か観たことがあります。そんなに大きなブームになってるんですか。

**内田**　すごいらしいです。国際舞踊学会で発表したら、世界中の舞踊学者がびっくりして鈴木先生質問責めになったらしいですから。それだな（笑）。

**名越**　それ、面白いですね。

**内田**　でも、メディアは報道しないですね。メディアって結局、基本的なフレームがあって、その中に上手くはまらない現象というのは報道しないんですよ。別に意図的に「しない」というんじゃないけど、うまく収まらないので番組にならない。プロデューサーやディレクターが理解できて説明できる現象じゃないと扱わないんです。だから、既存の説明枠組みそのものを書き換えないとうまく提示できないような出来事はマスメディアは伝えない。だからみんなあまり知らないんじゃないかな。

**名越**　穿《うが》った見方をすると、それを機にもうちょっと「文化」が創造されないかな、なんて思いますね。日本の場合、明治維新や戦後の際、伝統文化がいったん根絶やしにされてますよね。もはや伝統なんて言ってもその実質はほとんどつかめないほどに。だから文化を復興するといっても、骨の化石のひとかけから巨大な恐竜を想像するほど、あるいはそれ以上に難しいことかもしれないとこの頃思うんです。でも、ある感受性、例えば『忠臣蔵』を愛《め》でるような感受性はある意味頑固なほど残っている。

うまく言えませんが、はるか昔に栄えた都の宮殿があったとされる場所に立ってみると今は跡形もなくとも、なぜか悠久の歴史を感じてしまうような。そういうわれわれの身体に根ざす感受性をたよりにしてもう一遍再構築してゆければと。そして、その「ええじゃないか」エネルギーを発散させるだけじゃなくて、総合して何かもうちょっと違う人間知が生まれてきてほしいな、という思いがありますね。祭りを興すことが策の一つっていうのは、そういうことも含めて、なんですけど。

**内田**　多分そうなると思いますよ。民族の文化ってなかなか本質的な枠組みは変わらないんですから。それが不自由なところでもあるし、同時に文化の強みでもあるわけで。そういう伝統的な文化の、日本人にすでに内面化したものがあって、それに対する信頼があればそれでも何とかなる。僕は、その点については、わりと楽観的なんです。

**内田**　面白いこと発見したんですけどね。日本人は『忠臣蔵』ですけど、アメリカ人はクリスマスになると、『クリスマス・キャロル』の映画を作るんですよね。これ、毎年なの。要するに、すごくお金持ちでエゴイスティックな男がいて、そいつが何かのはずみでフッと目が覚めると違う時間、違う場所にいる。「あれ、ここはどこ？」

**名越**　大変な苦難を背負い込む、と。

**内田**　そうでもないんです。ふつうの平凡なサラリーマンに生まれ変わったりするだけで。で、最初のうち「あれ、オレのフェラーリはどこ？　オレの豪邸はどこ？」みたいにジタバタして、前の生活に戻りたがるんですけど、そのうちだんだん与えられた状況に馴染んでくる。別にお金もないし、権力もないけど、みんな仲良しだし、やさしいし……ま、これでもいいかな、と気持ちが収まったところで、フッと目が覚めて最初のフェラーリと豪邸に戻ってしまう。で、自分の会社のドアを開けるとみんなが「社長、どうされました！」と言ってくるんだけど、「いや、もうそういうの止めようよ」とかいう感じになって。

これってディケンズの『クリスマス・キャロル』のスクルージ爺さんが、自分の過去や未来を一夜のうちに経巡って、一夜明けたらすっかり良い人になっていたという話の焼き直しなんですけどね。
　この話って、要するに、時間に限界があると知った時に、人間というのは善人になるという考え方だと思うんですよ。

**名越**　過去、現在、未来と、時間を司る天使なんかが出てくるんですよね。そうか、『忠臣蔵』に対しての『クリスマス・キャロル』なのか。

**内田**　何で『クリスマス・キャロル』なのかってのは今ひとつうまく説明できないんですけど、同じ話を年に一回服用しないと気がすまないというのは、ここにアメリカ文化の琴線に触れるものがあるからなんでしょうね。

**名越**　何かあるんだな。僕も『クリスマス・キャロル』ものっていうのが好きですからわかります。そういう映画が多いっていうこと。

**内田**　時間の意識を見直すということだと思うんですけどね、たぶん。メシアニズムとかいろいろな宗教的な伝統とも関係あると思うんですけども。おそらく日本人の時間意識とアメリカ人の時間意識って違うんでしょうね。

**名越**　個人が改心するということかな。改心したところで時間の流れが変わりますもんね。スクルージが最後に思い至って改心すると、それまでの閉塞した人間関係がドミノ倒しのように激変する。そういう物語と比べて、日本人は三つ子の魂というか、秘めに秘めた思いを一気に遂げるというか、そういうところが、ずいぶんと違う気はします。

内田　そう。だからそういうのって結局僕らにはわからないんですよね。追体験しようがないもの。だって日本人はどうしても『忠臣蔵』と『総長賭博』だから。とことんまで行って、「もう我慢ができねえ」って言って、ケツまくって机をバーンとひっくり返して。

名越　あとは血の海みたいになって……。

内田　そういう直線的な時間の中でしかフレームの問題に迫れない。想像的に過去に行ったり、未来に行ったりして、現在を相対化するという知恵がないのかもしれないですね。

## 祝祭は重要だ

内田　これまで話をしてきて、さっぱり結論めいたものが出てこないから、新潮社の編集者が「答えはまだか」「どこが鶏でどこが卵か教えろ」ってせっついてるんだけど、そういう考え方がいけないんですよね（笑）。

**名越**　養老先生が前言ってましたね。虫を観てて、「先生、これ何で一つ一つ生殖器が違うんですか」って聞かれたら、「答えがあると思っているうちは駄目なんだ」と答えると。いやでも答えを出そうと思うと……

**内田**　問題の構造が見えなくなりますね。単純化しちゃうから。解ける問題だけを選んで、解けない問題を排除しますから。僕らがいまやってるのは、解けない問題をどんどん出してくることですから（笑）。

**名越**　僕はね、一方では希望を余計削いでしまうかも知れないけど、僕の中でいま希望的に思っているのは、空間認知の力をもう一度取り戻せないか、ということです。例えば、前に話した「危険な場所には立ち寄らない」っていうようなことは、二次元的な計算能力では絶対にわからないでしょう。でも空間能力っていうかな……身体能力って言い換えてもいいけど……身体がここまで抜け落ちてしまってるから、かえって外部に目を向けさせる方がわかりやすいかなと思うんですよ。「場の雰囲気」とか、そういうものをもっと話題にするっていうか。

例えばカフェなんかに行っても、やっぱり感覚の良さそうな女の子はいいカフェにいますよ。

**内田**　にわかには肯《がえん》じがたいんですけど（笑）。よくわかんないです、女子大生は。

**名越**　何か空間的な感覚というのを一つの基準として、もうちょっとね、例えば住む場もそうだし。音楽っていっても聴く方だけじゃなくて、スピーカーの位置とか聴く空間とか、そういうものにもうちょっとシフトした文化が出てこないか。そこに一つ活路を見出せないかなと思うんですよ。

**内田**　「映画は絶対映画館で観ろ」って言う人いますよね。僕、四、五人しか客がいない空いてる映画館って結構好きなんですけど、昔はそうじゃなかったですよね。何百人もぎっしり詰まっていて、鞍馬天狗がやって来ると「ドワーッ」とどよめいて（笑）。あのどよめきの中に巻きこまれていくと、ある種身体の共同化を経験するわけです。自分自身の持っている感動能力を超えるんですよね。他の人たちの感動が感染してきて。そうすると自分の個体の容量を超えたような感動が襲ってくるんですよね。

**名越**　甲子園なんかもそうですよね。

**内田**　そうそう。映画って、そういうような「共-身体的」な観客の感動込みで観なきゃわからないところがあるんですよ。作っている側だってトータルでは何千人もの人間が協力して作っているわけだから、観る方も本当は巨大スクリーンで五千人ぐらいで観るのが一番いいんでしょうね。
子どもの頃のことを覚えていますよ。神社の境内にスクリーンをピーッと張って、片岡千恵蔵のチャンバラ映画とかやってました。台詞は聴き取れないし、話の筋もわからないし、画面も不鮮明ですけれども、たしかにある種の祝祭性は感じられるわけですよ。あれは映画を観ていたわけじゃなくて、その小さな神社を取り巻く共同体のメンバーたちの共感能力を開発する訓練をしてたんじゃないかな。

**名越**　僕も居合の道場に三年間ぐらい通った時期があるんですけど、道場なんていうのもそういう感じはあるんですよね。

**内田**　ありますね。ここからこっちは日常的な一般空間だけど、この線越えたら道場。別に境界線なんか見えないんだけど、それが見える人は道場に一歩入った瞬間に身体のモードが切り替わる。

**名越**　ありますよね。

**内田**　廊下から道場に入ると同時に、ぴしっと身体モードが切り替えられる人と、それができない人がいるんですけどね。日常の身体モードのまま、ぞろっと道場に入って来ちゃう人。これは切り替えができないとダメですね。

**名越**　道場の中だと二時間ぐらい正座できましたからね。ここだと十分しかできない（笑）。でもそれは大事なことで、道場の内と外で身体が明らかに違うわけですからね。そういったことも含めて、エンタテインメントってすごく大事で。

エンタテインメントによって、自分を超えたある感覚っていうものを体感できるし、場合によってはその中で自分を再構成する必要が生じる。空間というものの大切さも、それによって認知できると思うんですよ。日本ではそのエンタテインメントっていうものが、それこそ多層的に誤解されてるような気がします。悲しいですよね。やっぱりエンタテインメントをちゃんと認めないといけないし、それを観る目をもっと養っていかないといけない。そこにも一つ、閉塞を打開する大きな鍵があるのではないかと思っているんですけど。

**内田**　それは僕も感じますね。何だろうな、さっき祝祭性と言いましたけども、個の身体性を共同体の中に拡大していくには、儀礼か祝祭か、何かそういうものが媒介するしか手段がないですから。それをどういうふうに取り込んでいくのが正しいのかな、ということを思うんです。

最近悲しい話を聞きましてね。ロックバンドのギグ（ライブ演奏）っていうのは、ある意味で祝祭の根本ですけども、ここでも妙なことになってて。ルナシーか何かのメンバーと、どこかのバンドのメンバーがユニットを作ってあるクラブで演奏したら、こちらのファンの人たちと、もう一方のファンの人たちとでは、服装から化粧の仕方から叫び方まで全く違うって言うんですよね。

**名越**　どんどん弁別が始まる。

**内田**　まったく違って、結局その途中で喧嘩になっちゃったらしいです。「なんでここでキャーなんていうのか」とかね。本来祝祭性というのは自分の身体を隣に拡大して、さらに拡大して、「共-身体」を拡大していくっていうことのための経験なんだけど、むしろ逆になってきて、非常に小さい集団が他の集団と祝祭を競い合っている。排除し合ってるんです。

ビジュアル系バンドなんて言ってもね、名古屋系、仙台系、新潟系っていうような分類があるんですって（笑）。「それ、今のカテゴリーですから」って言われたんですよ。むしろ非常に細かなカテゴライズの中でしか、エンタテインメントの祝祭性さえも享受できない。

**名越**　あとまあ、これは僕ごときが言うことではないかも知れないんですけど、祝祭性によって「共－身体」を拡大するっていうことに加えて、もう一つ、その祝祭を終えた後、自分が「あれ、何か変わった」みたいな、違う場所に落ちていたという感覚を得ることが大事だと思うんですよ。

**内田**　祝祭は通過儀礼みたいなものも込みなわけですからね。岸和田のだんじりがそのいい例です。毎年毎年祭りに関わるんだけれども、祭りに関わるポジションは毎年変わっていく。だんだん重要なポジションに昇っていくわけです。去年までの経験は、失敗込みでその次のところで生きてくる。「三十五になったから、来年からお前はもう若頭やで」「わかりました」って。「若頭言うたら、ハンパやないで」「はい」「山口組が来てもお前が行くんやで」とかね（笑）。

**名越**　あ……それはまあ、いろんな意見があるとは思うんですけど。

それはテレビゲームのね、ファイナルファンタジーとかドラクエではダメでしょう。

**内田**　ダメでしょう（笑）。僕はゲームはやらないの、全然。

**名越**　僕はゲームに今でもはまってしまいますから。ゲーマーに対して批判的なことは言う資格なし（笑）。

**内田**　僕はゲーマーに対しては批判的なんだなあ。ダメだよ、身体使わなきゃ。

**名越**　コンサートでもやっぱり、それはあるような気はするんですよね。「あれ？　なんか変わった」っていうか、終わった後に「何か違うぞ、オレ」っていうのが。

**内田**　ローリング・ストーンズのコンサートは、行った後別人になっていましたね（笑）。一九九〇年の三月にストーンズが初めて来た時、東京ドームで観たんですけども。やっぱり観終わった後に、「一時代が終わったな」って感じがしましたね。「ストーンズも観たしなあ」っていうね。水道橋で大きな声でね、「イッツ、オンリーロックンロール！　バライキッ」とか叫んでたんですけども。中学生の時から始まった自分のロック・エイジが、四十歳を前にして一つ区切りがついたなという感じでした。「これでまあ、イッツ・オンリー・ロックンロールの時代が終わったか」っていう感じ。

**名越**　でも年齢的にいいですよ。僕なんかスティービー・ワンダーの最後のコンサートが二〇〇四年の一月七日だった。これでコンサートは最後だと言われて、「ああ、僕もこの音楽人生、ここで完全に終わったな」と思いました。

**内田**　そうですか。

**名越**　ものすごく感慨があることですよ。やっぱり、自分の中の一時代が終わったっていう感じになりましたよ。

**内田**　僕も、最後にミック・ジャガーに「イエーッ」って言って終わるのも、なかなか終わり方としてはよろしいんじゃないかと思って。

僕らの世代にとってはエンタテインメントというものが、成熟の指標として機能してたところがあるような気がします。こちらが年齢を加えていって、社会的な立場が一個ずつ変わっていくと、彼らも少しずつ変わっている。僕らの時代のロックの人たちって、ほんとにみなさんどんどんお歳をお召しになって（笑）。

**名越**　ストーンズ、六十ぐらいでしょう。

**内田**　まったくね。エリック・クラプトンなんかもいつの間にか老眼鏡掛けてるしね。それがだんだん様になってくる。ああいうのを観てると、何なんでしょうね、その時々に歌うメッセージも違ってきてて、リスナーの社会的成熟とパフォーマーの社会的成熟がシンクロしていくような感じがありますよね。昔は「ラブ・アンド・ピース」だったのが、「結婚はいい」とか「結婚はつらい」とか、「子どもは可愛い」とか「いや、子どもは可愛くない」とか、そういう風に転々としてきてる。こういうのって、多分僕たちの時代だけじゃないですか。十五歳の時に聞いたスターが……僕は五十四ですけれど……四十年間ずうっとロックン・ローラーで一緒にいるのって。

名越　そう思いますよ。僕の時代でかろうじて最後でしょうか。

内田　誰ですか、最初に聴いた頃の人って。

名越　ビートルズです。

内田　リアルタイムじゃないでしょ。

名越　小学校の時にね、僕の家は化粧品店をやってて。で、うちの親父は変わっていて、小学校四年生の頃から店でビートルズばっかりかけてたんですよ。

内田　変な親父さんですね。

名越　変な親父なんですよ。だから僕はそれに大変苦労するんです（笑）。歌謡曲が聴けなくなっちゃったんです、もう感性がビートルズになってるから。「そうか。自分が共同体に入れなかったのは、音楽のせいや」とかって思ってますもん。

内田　そうかな？　うちの子は子供の頃から私の趣味の音楽だけを聴いて育ってきましたけども、長じて「いかがでした」って聞いたら、「いやあ、じつに良い音楽をお聴かせいただいて」って言ってました。同時代の子たちに較べて音楽的教養がだいぶ深いって。特に六〇年代七〇年代の音楽っていうのはうちの娘の世代の子は殆ど聴いてないですから。

名越　僕の時代でさえ聴いてないですから。ビートルズもストーンズも聴いてなかったし。

内田　僕、もっと趣味古いしね。キャロル・キングとかニール・セダカとかさ（笑）。

名越　キャロル・キングは僕も聴きました、なぜか。そこら辺はズレちゃってるんですね、僕。音楽の趣味は十年ズレてるんですよ、他の人よりも。

内田　名越先生って何年生まれですか。

名越　昭和三十五年です。

内田　ちょうど十年違うんだ。

名越　そうです。だから団塊の世代の人たちが聴いてた音楽ばっかり。何故か？　全部家でかかっていたから。まあ余談ですけど。

内田　なるほど。いや、非常に面白いですね。

# 第8章　親は役割である

## 親の心構え

**名越**　まあいろいろと希望にならない話ばかりしてますけど、実際に子どもを持っている親御さんや、これから持ちたいと思っている方には、「あんまり子どもをいじり過ぎないでほしい」ってことだけは言っておきたいですね。

親がどう思っていようとも、子どもが親の望む通りに育つことなんてまずないです。子どもの集中力を削ぐようなことをあまりせずに、子どもを信じて親の方は控えて見てたらいいんじゃないでしょうか。子どもがグーッと一つのことにのめり込んでる時に、つい邪魔しちゃう大人って多いんです。意識をせずとも、いつの間にか邪魔しちゃってる。

何かね、みんなすごく焦っちゃってるから。こうしようああしようっていうふうに接木したり矯正しようとするのは、無理があるっていうより、あまり良くないと思います。自分を自分として、全体像として実感できる時って集中してる時しかないような気がするんですよ。自分が何が面白いかわからなくなっちゃうという子が結構、僕のところに来るんですが、そういう子に話を聞くと、自分が集中してる時の時間や空間を絶えず侵食されてるようなケースが多いんですよ。

**内田**　クレージー・キャッツの歌でさ、「どっこいここは通せんぼ」って知らない？「ここには入れぬわけがある」。

要するに子どもの世界に侵食するなっていうことです。親子で対等の関係というのはないわけ。先手を取るのはいつだって親なんです。敬意とか信頼とか愛という概念は、子どもの内側には存在しないから、教えるしかないんですよね。でも、言葉で言ってもわかるわけがないから、親が子どもに対して、信頼とか、敬意とか、愛というものを示してあげるしかない。それで初めて、「あっ、これが愛なのね。これが信頼というものなのね」っていうのを知るわけです。まず親が身をもって子どもに教えてあげなかったら、絶対子どもは学習しない。

**名越**　そう、言語化できないんですよね。これ、ひょっとしたらものすごく説教臭く聞こえちゃうかも知れないけれど、叱り方が下手な親ってすごい多いんですよ。でも、そういうことを言っても、これをハウツーの問題として捉えられてしまう。

例えば叱るっていう時の気持ちの持ちようっていうのも、指導したりするんですけども、ただ単にキレたり、ただ単にお説教したりで、親の側に子どもに対する交流を起こそうという感じがないんですよ。交流があるっていう感覚……。これは言葉にするのが難しい。「交流がある叱り方ならいいんだ」って言ったら、「交流があるんだ」っていうふうに自分で思い込んで交流のない叱り方をしますから。どうも伝えきれないんです。

**内田**　叱り方っていうのはね、非常に危険な言葉です。本当は叱るって、ある種ネガティブなアプローチじゃないですか。子供のある種の言動を否定するわけだから。そういうのって、止むに止まれぬものなんです。しちゃいけない、しちゃいけないと思っていても、堪えきれずに出てくるものです。それでも出てくる言葉っていうのは支離滅裂だったりしますが、子どもにとっては何か身体的なレベルでインパクトがある。

子どもって結局、叱られた時に親の言葉なんて聞いてやしないんですよ。叱られる経験というのは、とにかく圧倒されてしまうっていう形であるわけで。「叱り方」っていう時、みんな言葉のロジックとか、子どもの説得の仕方を言うんだけど、ロジックなんて聞いてやしないんです。だって怒鳴りつけるなんてのは危機的な状況だし、通常の関係が崩壊するかっていう状況でしょう。その時に有効なものっていうのは、言葉じゃなくて身体的に迫ってくる、「本当にお前のことを心配してるんだよ」というような、そういう子どもの側でも否定しようにも否定できないような圧倒的な何かですよ。それがあった時に初めて、とにかく何だかわかんないけども、取り敢えず「ごめん」と言って謝って、今やってる「悪い」とされることを停止する。納得してるわけじゃないんですよ。あんまり迫力がすごいんで、取り敢えず止めてみましたって感じなんです。その後、何で自分はあの時に止めちゃったんだろうということは、子ども自身が時間をかけて考えていく……。

**名越**　自分の親のことをあれこれ言うのって嫌なんですけど、うちの父親と母親はしょっちゅう喧嘩してたんですよ。たまには父親が母親の髪の毛を摑んでガーッと引っ張り回したりして。本当に一週間に一遍とか、一ヶ月に一遍とか大喧嘩。それで母親が泣き叫び、父親が怒鳴ってた。ところが僕自身は、両親から「面倒くさい奴やなあ」っていうふうな、冷ややかな拒絶を受けたことは一度もありません。叱られるときに、「お前のこと嫌いだ」っていうメッセージを受け取ったことがないんですよ。一度もないんです。それはほんとに不思議な体験で。だからうちの両親はあれだけ僕の前で大騒ぎして、暴力沙汰もあったのに、僕にとってはやっぱり親だったなって感じ取れるところがあるんです。

いま、色んな親御さんを見てると、子どもがちょっとおにぎりなんか落としただけで、すごいヒステリックな拒絶を子どもに表出してる方がいて、見ていられないっていう時があるんですよね。

**内田** お母さんたちがずうっと不機嫌な声で「何やってるのよ」みたいな感じで文句を言い続けていると、子どもって「お母さんというのは不機嫌な声で喋るもんだ」って納得しちゃうわけですよね。その感情に本来込められているはずの身体的なインパクトは、全部控除されてしまう。

**名越** そうそう。

**内田** それナンセンスなんですよね。すごく優しい人が、何とか優しく接しよう、接しようとして、どこかで優しく接しきれなくなって、一瞬破綻するところが「叱る」という経験になるじゃないですか。だから叱るっていうのは、親にしてみたら敗北なわけです。子どもにきちんとメッセージを伝えようとして、それができなくて、ついに破綻してしまうという瞬間に叱るわけだから。

**名越**　そうです。地平の崩壊ですからね。

**内田**　子どもにわかるのは、その地平が崩れる瞬間だけなんですよね。だからそのためにも愛してるふりっていうと語弊がありますけど、親はクールなふりをしつづけなきゃいけない。

## 母性は幻想。だからこそのトレーニング

**名越**　この頃ほんとに思うのは、母性って最初からあるもんじゃなくて、やっぱりトレーニングして身につけていくしかない、ってことです。

**内田**　僕は長いこと父子家庭やってたからわかるんですけども、父子家庭の父親ってお母さんなんですよ。父親と娘なんて組み合わせじゃ、生きちゃいけないですから。家庭で子どもにご飯たべさせたり、お風呂へ入れたり、寝かしたりっていうのはお母さんがやることだから、お母さんになるしかないんですよね。で、お母さんになると、発声法から体つきまで全部変わっちゃうんです。すると、「なるほど、ジェンダー・ロールっ

ていうのは役割演技なんだ、これは演じるもんなんだ」っていうことがよくわかる。

**名越**　だからやっぱり、「面倒くさい」って感じで母親やっている人たちは、母性に価値を置いてないということになるんでしょうね。でもそれで自分にはあるべき素養がないんだっていうふうに思うのは間違いで。

**内田**　内側に母性があると思うのは間違いで、外から持ってきて演じるものなんですよ。「子どもをどうしても可愛いと感じられない」って言う女の人がいるけど、当たり前じゃないですか。やればわかるじゃない。女の子をあまり好きじゃなくても、「愛してるよ」って言いつづけると、向こうもその気になるし、こっちもその気になる。だって、先方が機嫌がよくなって、優しくしてくれるわけだから、関係は良好になるわけですよね。感情っていつでも行為の前にあるわけじゃない。行為が感情を形成してゆくってことはあるんですよ。

**名越**　若いお母さんは、母性を「内面にあるもの」みたいな形で実在化させてるから、親としての責任をすごく重く感じてます。だから、姑さんに何か言われただけでもうガタガタとなって、結果的によりヒステリックになったり、自信を失ってよけい不安になって、最後に子どもに吐き出しちゃったりするんですよね。もう少し母性への思いこみを変えてみた方が、実態に即してますよね。今ここでのコミュニケーションが上手くいっているなら、その連続が結局は本質になっていくわけだから。

**内田**　フェミニズムは母性愛を「幻想だ」ってきびしく批判してきましたよね。あんなのは家父長制的なイデオロギーなんだと。母性愛というのは内在するものではなくて、ある種の役割演技なんだって。まさにその通りなんですよ。

でも、「フィクションだからダメ」じゃなくて、「フィクションだからいい」って何で言わないんだろう？　フィクションだから誰でもできる。内面にあるものだったら、ない人とある人の差ができるじゃないですか。演技だから誰でもできる。みんなに開かれている。

**名越**　それがやっぱり人間の自然な姿だと思います。この話の最初に「一線はあるのか、ないのか」っていうことを話しましたが、ないから恐ろしいんじゃなくて、それは全て教育できるんだって考え直せばいい。ちゃんと自分の中に携えることができる、と。ただほったらかしにしているからこんな状態になってるわけで。そういうことはやっぱり繋がってる話だと思うんですね。

**内田**　結局、あれやこれやのことっていうのは、おおかたは制度なんです。人間が勝手に作り出したものだって言われても、人間が勝手に作らなかったら、誰が文明を作るんだ。

**名越**　全くそうですよね。

**内田**　作ったに決まってるじゃないですか。自然じゃないからダメなんだっていうのを逆に言ったら、自然なものがいいっていうことでしょう。でも、自然なものなんて人間の世界には殆どないんですよ。

**名越**　自然が素晴らしいって言う人もいるし、平気な人もいるだろうけども、夜中に富士の裾野の樹海に三分間入ってみろって言われてそうそう入れる人はいないでしょう。やっぱり人間って、人間が作り上げてきた文化の枠組みとか、そういうものの中で初めて自然という感覚を認知していく部分があるんだろうし。

**内田**　人間が「自然」って言ってるのは、「里山」のことなんですよ。「小鮒釣りしかの川」とか言ってるのは、あれは全部人工的な自然であって、剝き出しの自然の中でなんか人間は生きていけないですよ。だから問題は、どのような虚構がほかのものより使い勝手がいいかっていう「程度の差」なんです。

## 一番大事なのは「ルーティン」

**内田**　社会にさまざまな問題が起こったとき、制度の責任にしますよね。結婚制度を変え、資本主義制度を変えれば万事良くなるんだと。本来は正しいものだったんだけれども制度によって歪められたっていう言い方をするじゃないですか。そんなのあり得ないと思いますよ。よりましな制度とあんまりましでない制度があるだけであって。よくない制度なら制度をいじればいいわけですよ、廃絶するんじゃなくて。そのいじる時っていうのは、こうやったらこの辺が出っ張ってこの辺が引っ込むけどどうしましょうかっていう、きわめて計量的なソロバン勘定をやらないといけない。で、五十一対四十九だったら、五十一のほうが二点ましな分だけいいんじゃないの、という形で、じゃあ五十一の方を選ぼうっていうふうに。そういうような議論になるべきだと思うんですよ。何だか、よくわからない結論ですけど。

**名越**　いや、でもその通りですよ。子育てについてはだから、正解があると思っちゃいけないんですよ。

**内田**　僕らが子どもの頃って、スポック博士の育児書とか松田道雄の本とかが聖典のように語られていたわけだけれども、今は誰も顧みないでしょう。で、今また違う育児書があるんだけども、あれがダメになってこれになったということは、これもいずれダメになるってことでしょう。それ以前の育児書を否定してスポック博士の育児書が出てきたんだから、それと同じように、今支配的な育児理論だっていずれ否定されるに決まってる。

**名越**　それはもうあらゆるところでそうですね。僕だって精神医学を勉強しだして数年目で、「あっ、これもまた引っ繰り返る時が来るな」って思いましたもの。

**内田**　親子関係も、テンポラリーなものじゃないですか。親と子が関わる時期ってほんとに短いです。僕、自分の子どもは「十八になったら家を出る」って決めて育ててましたから。テンポラリーな関係だと思ってると、「取り返しがつかない」でしょう。十八になったら出て行っちゃうわけだから、その後で「ごめんね」っていうわけにいかないから、いっしょにいる間には失敗しないように気をつけてました。家族関係が人を傷つけるのは、「後で何とかなる」と思ってるからでしょう。

あと三日で死ぬという人に向かって、「お前、生き方変えろ」って言う人いないでしょう。そうなってくると、この人はあと三日間をどうやって楽しく生きられるだろう、そのために自分は何ができるだろうってふつう考えるじゃないですか。親子だって、同じだと思うんです。あと三日で家を出ていく子供に向かって、「お前、生き方変えろ」なんて言えない。言ってもしょうがない。
　今から一緒にいられる何ヶ月か何年間の間に、直せるところを直さなきゃいけないと発想を変えてみる。そうすると、もっと具体的に「ここにある物をこっちに置きませんか」「夜寝るときにドア閉めませんか」みたいな、具体的にいくつかの提言をしてすり合わせをしてゆくことしかできやしない。関係がテンポラリーであるということは、言い換えると関係が具体的だということです。理屈なんか言ってもはじまらないから。

**名越**　日常生活の所作というものは身体に通じてるから、そういうもので人間関係が上手くいったりするんですよね。何か抽象的なことを言うよりも、きっちりカギを閉めるとかね。そういう反芻だけで常々、身体的に学んでいくってすごくあるんですね。

**内田**　親子関係は期間限定の、テンポラリーな関係で、終わりは必ず来る。つまり子どもに対して親が影響を与えたりとか、ある程度言葉が届く時間って限られているんです。だから、その時間に届く範囲のことを考えて、その中でできるだけ具体的な提言をするということに尽きると思うんです。

**名越**　だからそのためにも親の側が、生活のあるスタイルというのに、もうちょっとこだわったほうがいいですよね。ここに物を置こうよとか、部屋の装飾はどうするとか。ここは何時になったら電気は切ろうよとか、そういうことです。

**内田** ルーティンてすごく大事なんですよ。繰り返しっていうのはものすごく大事なんです。クリエイティブ神話とか、オリジナリティー神話があるから、みんなルーティンを馬鹿にするんだけどね、ルーティンほど大事なものはない。

**名越** 僕みたいな独り暮らしでも、この喫茶店に行かないとこの原稿は進まないとか、ありますよ。

**内田** そうなんです。あるんです。

**名越** ところがやっぱり、昔と比べて明らかにそこが崩れてきている。その家のルーティン・ワークがなかったら、しつけようにもしつけられないでしょ。

**内田** 「しつけ」って言い換えればルーティンということでしょう、要するに。ある布にこうやって折り目つけることが必要なら毎日同じことをやってると、必ずここにいつの間にか折り目が出来るんです。折り目正しいと言うけども、折らなきゃダメなんです、何度も何度もこうやって。

**名越** そうなんですよね。やっぱりそれって、基本的には共同生活がないと無理じゃないですか。そういう辺りのことが何もないから、すごい観念的な怒り方になったり、全否定になったり、感情の爆発になったりしてしまう。解決策は近くにありっていうか、足元にありだと思うけど。

ところが意外にこういうことを言う人って少ないし、こういうことを普通に書いてる本って少ないんですね。

**内田**　「家族は毎日同じ時間にご飯を食べましょう」なんてことは、誰も必死では言わないでしょう。でもそれがしつけの第一歩ですよ。同じ時間に起きるとか、同じ時間にお風呂に入るとか、同じ時間にご飯食べるとか、寝る時には必ず「おやすみなさい」っていうのをここで言うということが。そういう決まり切ったことがないとダメなんですね。

**名越**　やっぱりルーティン・ワークがないとしつけができない。しつけがなかったらコミュニケーションも成り立たないし、コミュニケーションのハウツーも見つからない。

**内田**　どこかで「ルーティンはいけない」っていうのを、誰かが言い出したんじゃないかな。よく若い女性で突然「私、会社辞めます」って言ったりするじゃない。「どうして」って聞いたら「自分探しの旅に出たいんです」って。「こんな毎日ルーティンの生活をしてると、自分が自分じゃなくなったような気がして。もっとめくるめく経験をしたい」ってさ。みんな絶句しちゃうわけだけども（笑）。それはやはり、ルーティンの繰り返しでは何か本来性が発見できないみたいな、そういう非常に悪しきイデオロギーが流布してる結果でしょう。

**名越**　若い人が「意味ないじゃん」というようなものじゃなくて、自分の本来性を生かせるようなルーティンは、実はみんな求めてると思うんです、潜在的には。

外来に、例えばOLさんが来るとするじゃないですか。で、二人来たと。そのうちの一人が、「辞めたい」と言ったら、僕は「それはもう、辞めたほうがいいかも」って言う。で、もう一人の方が「辞めたい」と言ったら、「えーっ、辞めてどうすんのよ、あなた」って否定するの。

その差っていうのは、僕から見ると明らかなんですよ。最初の方の「辞めてもいい」人は、あるルーティン感覚をちゃんと自分の中に持ってるわけです。だから、ちゃんと勤まることがわかるわけです。前の会社でボロボロになってきて、どんどん痩せてきて、もともとどういう仕事をしてるかっていうことも知ってるから、「それは早く辞めたら」って言える。それで今ちゃんとした所属の場を見つけたから、ちゃんとやっていけてる。

で、もう一人の方にはね、ある不安とかイラつきみたいなものが、すごいあるわけです。その不安とかイラつきは何かと言うと、ルーティンの中でやってることに対する経験というかなじみというか、そういうものがないからなんです。ある安定感を持って、それが根付いていて、その上に葉っぱを付けていったり、実を付けていくっていう、そういう部分の下支えがなくて絶えず不安定なんです。

**内田**　いますごくいい例を挙げてくださったんで続けますけど、それ、土壌と樹木の関係と同じなんですよ。ルーティンというのは植木鉢の土の部分なんです。土の部分っていうのは、同じことを繰り返していくと練れてきて。そうすると初めてそこから木が生えてくるんです。これがないと何も生えやしないんです。ところがみんな土壌を作らないで花だけ咲かせようとする。そんなの無理ですよ。ルーティンという土壌がしっかりしてはじめて十本でも二十本でも花は咲くんだけども、「世界に一つの私だけの花」を咲かせようと焦って「土なんかいじっている暇はない」って思い込んでると、もう根をおろす場所がなくなってしまう。

**名越**　そこがやっぱり、診てて一番感情的な歪みを感じる部分です。感情の土壌みたいな、その人のムードみたいなものがあるじゃないですか。ある種のイラつきとか、怒りを持ってる人っていうのは、その土壌を練ってないまま旅に出ちゃったり。

**内田**　それ必ず失敗しますよ。

**名越**　絶対止めておけって言いますけど。それはね、多角的にそういう目線で見てる。もうはっきりとわかってくる時がありますよね。居心地は悪いだろうけど、まずそこで「練り」っていう段階を経ないといけない。

**内田**　この本を読んだ親御さんたちにも、これから親になっていく若い人たちにも、是非そこをわかってほしいですね。

# あとがき



告白するが、内田先生にお会いするたびに必ずといってよいほど、私はある独特の「懐かしさ」を感じてしまう。

しかし、それは例えば幼なじみに再会したときの、失われた故郷の情景に出会ったような甘酸っぱい感情とは、どこか根本的に違うのである。むしろもっとウキウキとした、憧憬と親しみの感情が湧いてきてしまうのだ。それは例えていうと、遥か少年のころに毎週テレビに喰らいつくようにして見た、鉄人28号やジャイアントロボが画面に現れる際の、あの胸に広がる高揚感のようなものに、なぜかとても似ているのだ。

こんなふうに書くと、あたかも私が内田先生を人間として見ていないように聞こえるかもしれない。いや、そう思われても致し方ない……しかし私の実感からすると、これは決して先生に対する私の心からの親愛と畏敬の念を覆すことにはならないのだ。

私が子どもだった頃、少なくとも私の周りの男子幼稚園児、および小学生たちは、ひたすらテレビアニメ・特撮ヒーローに対する限りない憧れと感情移入のなかで生きていたと言ってよいだろう。公園の滑り台もブランコも、ヒーローごっこ・怪獣ごっこの大道具に過ぎなかった。

その頃少年たちの心をわし摑みにしていたヒーローといえば、前出の鉄人28号、ジャイアントロボのほか、鉄腕アトム、8《エイト》マン、これらの主人公はすべてロボットである。ウルトラマンは宇宙人、仮面ライダーは改造人間等々。こうしてみると、ヒーローには「ただの人」はほとんどいないといってよいだろう。しかし子どもの頃の我々は、彼らを鉄クズと軽んじたり、人種差別（宇宙人に対する差別をこういうかどうかは不明であるが）するどころか、ひたすら畏敬をもって憧れ、ともすれば自らに憑依《ひょうい》させせんばかりに彼らを模倣し、ヒーローごっこに興じたのである。幼い頃より我々男の子が萌《も》えて感情移入してきたのは、ほとんどじつは人間ではなかったのだ。

そして内田先生を思い出すたびに、私の心象に映る先生の像とたえず重なるように見えてくるのは、鉄人やジャイアントロボ、つまりヒーロー ロボットのイメージなのである。

これはたぶん、あのものごとの本質をグングン掘り下げて行く先生の思索的体力の抜群さと、対象との距離感を絶妙に保って、独特の的確さでそれを表現される言語操作の「ゆるぎなさ」の感覚にも拠っているのかもしれない。

しかし私がそのロボットヒーローに夢中になったのは、ただ彼らが強靭な能力やパワーをもっていたからだけではない。

彼らはその活躍のなかで、たびたび人間を凌ぐ人間性を我々に示し、ともすれば私欲に堕する蒙昧の人間に、正しき道を指し示してくれるのだ。そしてこれらの作品のほとんどにおいて、もっとも深い友情は、人とロボットの間で証明されるのである（例えばジャイアントロボの最終回。それまで草間大作少年にコントロールされていたはずのロボが、大作少年の涙の制止を振り切り、少年と人々を救うため悪の総帥ギロチン帝王を抱えて、巨大隕石に決死のダイブ飛行を敢行するシーンなどは、全国のファンの少年たちをして「ロボのようなすばらしい人間になろう！」と思わせたに違いない）。

内田先生はそのお会いした当初から、私にとって〝人間〟という一般化された範疇《はんちゅう》の類型ではなく、一個の他に類をみない〝存在〟であり続けている。今回二年にわたるスリリングで興味深い対談を終えて、その存在感は一層私のなかでリアリティを増しているように感じられる。この本を手にとってくださった皆様には、語りを起こした文面を読んでいただくとともに、先生には僭越ではあるが、二人の間の息、間合いのようなものが少しでも伝われればと思っている。

二〇〇五年三月　名越　康文

内田樹　1950(昭和25)年東京都生まれ。東京大学文学部卒。東京都立大学大学院人文科学研究科博士課程中退。同大学助手を経て、現在、神戸女学院大学文学部総合文化学科教授。専門はフランス現代思想、映画論、武道論。

名越康文　1960(昭和35)年奈良県生まれ。近畿大学医学部卒。大阪府立中宮病院の精神救急病棟の設立、責任者を経て同病院を99年に退職。臨床に携わる一方で、テレビやラジオ、漫画の原作ブレーン、文筆業など多方面で活躍中。

Ⓢ新潮新書

112

14歳《さい》の子《こ》を持《も》つ親《おや》たちへ

著　者　内田《うちだ》 樹《たつる》　名越《なこし》康文《やすふみ》

2005年4月20日　発行
2015年1月20日　17刷

発行者　佐　藤　隆　信

発行所　株式会社新潮社

〒162-8711　東京都新宿区矢来町71番地
編集部(03)3266-5430　読者係(03)3266-5111
http://www.shinchosha.co.jp

印刷所　錦明印刷株式会社
製本所　錦明印刷株式会社


ISBN978-4-10-610112-0　C0237

Ⓢ新潮新書

003
# バカの壁
養老孟司

話が通じない相手との間には何があるのか。「共同体」「無意識」「脳」「身体」など多様な角度から考えると見えてくる、私たちを取り囲む「壁」とは——。

061
# 死の壁
養老孟司

死といかに向きあうか。なぜ人を殺してはいけないのか。「死」に関する様々なテーマから、生きるための知恵を考える。『バカの壁』に続く養老孟司、新潮新書第二弾。

005
# 武士の家計簿
「加賀藩御算用者」の幕末維新
磯田道史

初めて発見された詳細な記録から浮かび上がる幕末武士の暮らし。江戸時代に対する通念が覆されるばかりか、まったく違った「日本の近代」が見えてくる。

010
# 新書百冊
坪内祐三

どの一冊も若き日の思い出と重なる——。凄い新書があった。有り難い新書があった。シブい新書もあった。雑読放浪30年、今も忘れえぬ〈知の宝庫〉百冊。

024
# 知らざあ言って聞かせやしょう
心に響く歌舞伎の名せりふ
赤坂治績

かつて歌舞伎は庶民の娯楽の中心であり、名せりふは暮らしに息づいていた。四百年の歴史に磨かれ、声に出して楽しく、耳に心地よい極め付きの日本語集。